O amor está entre nós

Solicite nosso catálogo completo, com mais de 300 títulos, onde você encontra as melhores opções do bom livro espírita: literatura infantojuvenil, contos, obras biográficas e de autoajuda, mensagens espirituais, romances palpitantes, estudos doutrinários, obras básicas de Allan Kardec, e mais os esclarecedores cursos e estudos para aplicação no centro espírita – iniciação, mediunidade, reuniões mediúnicas, oratória, desobsessão, fluidos e passes.

E caso não encontre os nossos livros na livraria de sua preferência, solicite o endereço de nosso distribuidor mais próximo de você.

Edição e distribuição

EDITORA EME
Caixa Postal 1820 – CEP 13360-000 – Capivari – SP
Telefones: (19) 3491-7000/3491-5449
vendas@editoraeme.com.br – www.editoraeme.com.br

Luiz Gonzaga Pinheiro

O amor está entre nós

Capivari/SP
— 2013 —

© 2005 Luiz Gonzaga Pinheiro

Os direitos autorais desta obra são de exclusividade do autor.

A Editora EME mantém o Centro Espírita "Mensagem de Esperança", colabora na manutenção da Comunidade Psicossomática Nova Consciência (clínica masculina para tratamento da dependência química), e patrocina, junto com outras empresas, a Central de Educação e Atendimento da Criança (Casa da Criança), em Capivari-SP.

5ª reimpressão – setembro/2013 – Do 9.401 ao 10.400 exemplares

CAPA | André Stenico
REVISÃO | Matheus R. Camargo
Lídia Bonilha Curi

Ficha catalográfica elaborada na editora

Pinheiro, Luiz Gonzaga, 1948-
  O amor está entre nós / Luiz Gonzaga Pinheiro. – 5ª reimp.
set. 2013 – Capivari, SP : Editora EME.
  168 p.

  1ª edição : nov. 2005
  ISBN 978-85-7353-329-3

1. Biografias e histórias de vidas humanitárias. 2. Mensagens de personagens edificantes

CDD 133.9

Não acrediteis na esterilidade e no endurecimento do coração humano; ele cederá, a despeito de si mesmo, ao amor verdadeiro; é um ímã ao qual não poderá resistir, e o contato desse amor vivifica e fecunda os germes da virtude, que está em vossos corações no estado latente. A Terra, morada de provação e de exílio, então purificada por esse fogo sagrado, verá praticar a caridade, a humildade, a paciência, o devotamento, a abnegação, a resignação, o sacrifício, todas virtudes filhas do amor.

O Evangelho Segundo o Espiritismo – Cap. XI, Item 9.

Todas as citações evangélicas contidas neste livro foram extraídas de O Evangelho Segundo o Espiritismo, de tradução atualizada e revisada pela Editora EME.

Dedicatória

*Este livro é para meu velho amigo Francisco.
E vai com todo o carinho, inclusive o represado,
aquele que as pessoas não me permitiram exteriorizar
deixando que se formasse dentro de mim um grande mar de
sentimentos, gestos e palavras.*

Sumário

Introdução 9
Por amor à beleza *(Plácido Domingo)* 13
A renúncia de si mesmo *(Madre Teresa de Calcutá)* 19
O poeta da paz e da alegria *(Francisco de Assis)* 29
A sede de justiça *(Sócrates)* 37
Um inadaptado na Rússia *(Léon Tolstói)* 45
Vivência espírita *(Bezerra de Menezes)* 53
A prática da não-violência *(Gandhi)* 61
O defensor dos loucos *(Felipe Pinel)* 67
O brilho intenso da humildade *(Chico Xavier)* 77
A lição da perseverança *(Paulo de Tarso)* 85
O respeito pela vida *(Albert Schweitzer)* 95
A ciência para todos *(Marie Curie)* 101
Um sonho de igualdade *(Martin Luther King Jr.)* 107
Adormecendo a dor *(Florence Nightingale)* 113
A paixão de ensinar *(Euclides)* 119
Aplacando a fome *(Betinho)* 125
O médium de Pádua *(Antônio de Pádua)* 133
Amor à natureza *(cacique Seattle)* 139

Em defesa dos pobres *(Vicente de Paulo)*..........................145
O homem e a arma ou visita de um amigo
                          (Manuel Bandeira).......151
Conclusão..163

Introdução

Costuma-se dizer que a Terra é um lugar de provas e de dores acerbas para qualquer Espírito que a ela seja enviado. Diz-se também que nela o mal predomina, que a violência com todo o seu cortejo de sofrimentos tem encontro marcado com velhos e jovens. Até mesmo Jesus afirmou, a sua época: *A felicidade não é deste mundo*.

Mas, como habitante deste pontinho azul perdido em meio à imensidão do cosmo, venho há muitos anos descobrindo que o Mal tem cedido espaço para o Bem; que o amor pacientemente vai espalhando grãos nos corações humanos; que existem lágrimas de alegria, que a poesia, o afeto, a caridade armam tendas em muitos canteiros onde antes apenas a indiferença grassava.

Ainda se escutam nos jardins da Terra gritos de dor e de guerra e as escolas não trazem, por enquanto, em seus roteiros, disciplinas como a paz, o amor, o perdão ou a fraternidade. Ainda há fome de alimento, de justiça, de palavras amenas.

Todavia, nesses mesmos jardins se despertam virtudes que não descansam: a esperança e o ânimo. Outras que não dormem: a perseverança e a solidariedade; e ainda algumas que se negam a silenciar ou retroceder, tais como a fé e a caridade.

Jesus dedicou toda a sua vida a mostrar que a prática do amor ao próximo é a condição única para atingirmos a condição de maioridade moral, fato que nos elevará a estágios inacessíveis à dor e ao sofrimento.

É inegável que todos portamos dores físicas e morais. Mas também é insofismável que temos ao alcance de nossas mãos o roteiro para erradicá-las, fazendo do recanto em que vivemos a morada da paz. Mesmo sendo a Terra um mundo de provações, um lugar onde antigos devedores vêm carpir suas dores, há nela um exagero de beleza capaz de encantar os olhos e aquietar o coração. Mares, cascatas, montanhas, neve, cores, florestas, pássaros, nuvens, flores, há tanta beleza exposta na face da Terra, desde o nascer do sol até o acordar das estrelas, que seria impossível descrevê-la a um visitante de outros mundos.

Há homens que se trancam em laboratórios e dedicam suas vidas à busca de remédios para as feridas alheias; missionários que recolhem crianças sem teto, doentes sem hospitais, velhos sem abrigos; pessoas que cuidam dos rios, dos mares, das árvores, dos passarinhos, outras que limpam o ar e clamam pelas chuvas; existem aqueles que oram pelos infelizes, limpam as chagas dos hansenianos e visitam os criminosos para ensinar-lhes o valor da amizade.

Mesmo nas favelas, onde se costuma apontar a gênese da violência que invade as cidades, a esmagadora maioria é honesta, trabalha por amor aos filhos, vive para exemplificar a dignidade.

Nunca se ouviu falar tanto nos direitos das minorias, em ecologia, em preservação, em educação, em combate ao mal quanto agora. Jamais se deu tanta atenção à lágrima, à ferida, à angústia e ao desespero dos injustiçados quanto hoje.

Por tantos motivos, é justo dizer que o amor está entre nós na figura dos que acolhem filhos alheios, dos palhaços que fazem rir os doentes nos hospitais, dos médicos que doam seu sábado aos que não podem pagar consultas, das mãos dos que aplicam passes, das músicas que alegram os tristes, das preces que acalmam as dores, dos médiuns que se fazem de correio do Além.

Este livro procura mostrar e exaltar a nobreza humana, a parte anjo que existe dentro de cada pessoa, a luz que todos temos e que, aos poucos, se transforma em fonte eterna de vida. É preciso treinar o olho para ver o amor que envolve o planeta com suas carícias amenas. Aqueles já acostumados à análise e ao comentário de paisagens deprimentes naturalmente têm mais dificuldade de se convencer dessa realidade.

Pesquei no grande mar terreno, onde pululam os bons exemplos, alguns capazes de marcar positivamente uma vida inteira. Não me preocupei com datas ou locais, apenas com exemplos de amor puro, que criam pomares em pleno deserto. Gestos de desprendimento tão raros que, a depender do que temos na bagagem moral, podem nos envergonhar diante da nossa pequenez ou nos mobilizar na luta, tornando-nos também pescadores de pérolas, para que possamos tecer o colar da nossa redenção espiritual.

Existe amor em cada um de nós. Através do autoconhecimento saberemos o potencial desse amor, conheceremos os variados sentimentos e emoções ainda embrionários buscando espaço para agigantar-se.

Quebremos nosso casulo de ilusões e saiamos de nós. Há um mar de sentimentos e emoções lá fora à espera de pescadores. Todo o mundo está a nossa espera. Aprendamos a ser pescadores de almas. Para tanto, o Espiritismo oferece um bom molinete e uma excelente isca.

Boa pescaria.

Por amor à beleza
(Plácido Domingo)

Se o amor ao próximo é o princípio da caridade, amar a seus inimigos é a sua aplicação sublime, pois essa virtude é uma das maiores vitórias sobre o egoísmo e o orgulho.
(ESE – Cap. XII, Item 3)

Lembro-me do espetáculo de beleza com o qual os três tenores, Plácido Domingo, José Carreras e Luciano Pavarotti presentearam o mundo com suas vozes inigualáveis. Vendo-os ali, Domingo e Carreras, no pequeno retângulo do televisor, poucas pessoas poderiam imaginar, por desconhecerem o episódio ocorrido entre ambos, o sentimento profundo que agora os une, nascido de um infortúnio que atingiu a um deles.

Domingo é madrileno e Carreras, catalão. Os catalães alimentam severa antipatia pelos madrilenos devido ao fato de a eles estarem atrelados contra a vontade, de vez que aspiram à liberdade para escrever sua própria história.

Tal movimento separatista terminou por envolver esses dois personagens, que se tornaram inimigos, inimizade que culminou com a inclusão de uma cláusula em seus contratos na qual constava que ambos não se apresentariam em um mesmo evento, garantindo assim que a incômoda presença de um não constrangesse o delicado ressentimento do outro, ou seja, que a presença de um deles em determinado local implicaria automaticamente na ausência do outro.

Em 1987, Carreras teve a sua voz *silenciada* pela leucemia. A dor de se saber próximo da morte tirou dele a vontade e o ânimo de cantar. Aqueles leucócitos que não paravam de se multiplicar trouxeram a melancolia que, de pronto, asfixiou a virtude que o exaltava, dando ensejo a que a desesperança lhe exibisse a fragilidade até então adormecida. Sem cantar e sem trabalhar, gastou o quanto tinha no combate à doença, submetendo-se a transplantes e tratamentos com médicos estrangeiros até que, sem recursos, ouviu falar de uma fundação existente em Madri, criada com a finalidade única de dar apoio e sustentação a pacientes vítimas da leucemia.

Um pouco temeroso buscou ajuda nessa instituição, a Fundación Hermosa, e após tratamento que o levou a superar as dores e as incertezas do drama, tendo-lhe voltado o vermelho das faces, retornou para os palcos, onde sempre foi venerado pelo incrível talento com o qual Deus lhe presenteara. Aos poucos, foi recuperando os bens perdidos e, quando já voltara à abastança, sentiu a necessidade de doar um pouco de sua fortuna e do seu trabalho à entidade que o acolhera e o curara. Queria ser um sócio, mais que isto, um protetor, um amigo daquela gente humanitária que o arrancara do suplício da doença e lhe rasgara o decreto de morte.

Pediu o estatuto da Fundação e iniciou a leitura com calma, como quem saboreia uma bebida agradável e reconfortante. Em determinado instante, ele, cuja pele retomara o frescor da saúde, fez-se lívido e trêmulo. Junto à palavra *fundador* estava o nome do seu inimigo Plácido

Domingo. Um pouco envergonhado, aprofundou o histórico daquela casa de fraternidade e descobriu que o fundador, presidente e maior colaborador a criara para socorrê-lo, guardando silêncio para não constrangê-lo, para que ele não se sentisse humilhado ao receber auxílio de um inimigo.

Um dia Plácido Domingo estava se apresentando em Madri, quando, sem avisar ou pedir autorização, Carreras interrompeu a voz maravilhosa que enchia o salão, ajoelhou-se aos pés do seu benfeitor e lhe pediu perdão, agradecendo-lhe publicamente o benefício recebido.

Sabendo do ocorrido, um repórter perguntou a Plácido Domingo por que criara a Fundación Hermosa com a finalidade de beneficiar um inimigo e concorrente seu, já que Carreras era um dos poucos artistas que poderiam fazer frente ao seu talento. *Porque uma voz como a dele não pode desaparecer.*

Dizem algumas pessoas que, no mundo, o mal se espalha como erva parasita a sufocar brotos tenros e flores. Que o amor, utopia dos românticos, não consegue realizações devido à dureza dos corações humanos.

Milhares de livros poderiam ser escritos com exemplos como o de Plácido e Carreras. Eles florescem diuturnamente dentro de casas singelas, de corações fraternos, de mãos que acolhem, de Espíritos humildes e silenciosos em suas construções.

A Terra está repleta de poetas, cientistas, professores, lavradores, pescadores, cantadores, artistas, terapeutas que constroem abrigos para que o Bem possa crescer e se multiplicar. O Bem não faz ruído quando se espalha. Só provoca lágrimas de gratidão; só requer ferramentas de construção; só vai à guerra em busca de paz.

O que teria motivado Plácido Domingo a ajudar Carreras? Ele mesmo nos deu a resposta. A beleza da voz. Aquele homem possuidor de tão nobre talento não poderia ser um inimigo. Era um artista e a arte transforma as pessoas, dá-lhes sensibilidade. Ambos estavam ligados pela arte, elo muito mais forte para o artista que qualquer nacionalidade. Se ele permitisse a morte de Carreras, seria responsável por um decréscimo na beleza do mundo, privaria milhares de pessoas de um contato direto com ela, cometeria uma agressão a si próprio, admirador e defensor dessa virtude.

Procura-se a beleza em um rosto sedutor, um diamante raro, um artigo importado, um ideal mundano. Esta nasce primeiramente no Espírito, que se identifica com a beleza natural com a qual Deus revestiu o mundo. Há beleza em uma simples pedra do caminho. Quantos milhões de átomos estão a girar em seu interior? Qual a sua história? Foi lançada por um vulcão ou desprendeu-se de uma montanha? Por que ela reluz quando o sol a beija? Sustentaria ela, testemunha solitária da história do lugar em que habita, o pilar do castelo dos desvalidos? A beleza habita todos os lugares mas só é vista pelos olhos dos sábios.

Ela tem o poder de despertar no Espírito a grandeza que ele se nega possuir quando opta por caminhos tortuosos. Qualquer ato de grandeza é belo. Belos são os gestos de caridade, de esperança, de amor. Se um homem ama a beleza, está mais próximo da *face* de Deus do que um outro que lhe é indiferente.

O mundo apresenta diariamente centenas de espetáculos de beleza que passam despercebidos. A gota de suor do missionário, o choro de alguém que nasce, o Sol que sobe e desce no horizonte, a Lua refletida no mar, a voz da pessoa amada, tudo é encantador e milagrosamente belo.

Ao Espírito foi dado o poder de criar a beleza, tornando-se ele próprio a beleza. A aquisição dessa virtude é fruto de um processo lento em que a sensibilidade, a conscientização e a lucidez ditam os referenciais que o Espírito deve seguir. Todos seremos belos um dia. E esse dia será tão breve quanto o quisermos.

A Doutrina Espírita trata a beleza como um objetivo a

ser alcançado pelo Espírito em sua caminhada evolutiva. Dizem os mais sábios que tudo no universo se encaminha para o Bem e para o Belo, ou seja, que todos fomos criados pela beleza para sermos belos. Quando ainda nas primeiras encarnações, o Espírito é como a pedra bruta que aos poucos e através do tempo vai sendo lapidada, culminando com a obra de arte, gema luminosa e incorruptível que é o Espírito puro.

Quis Deus que fôssemos nossos próprios escultores, que por nossa vontade escolhêssemos as ferramentas que nos dariam formas. Assim, golpe a golpe, o Espírito talha suas feições até que se mostre angelical. Quanto mais proximidade de Deus, mais beleza. Esta é a regra básica a ser seguida.

A beleza vista por esse prisma é uma conquista intransferível, com título de propriedade permanente. Um corpo jovem pode ser belo para alguns por determinado tempo, mas um Espírito belo o é por todo o tempo.

A Terra, mesmo sendo um mundo de provas e expiações, é um planeta de inumeráveis belezas. Cabe aos humanos que nele habitam ampliá-las, conservá-las, contribuir com sua própria beleza interior para que a bondade, a outra asa planetária, nos permita alçar vôos na direção do infinito.

A renúncia de si mesmo
(Madre Teresa de Calcutá)*

O Cristo não se esquivava; aquele que se dirigia a ele, quem quer que fosse, não era repelido: a mulher adúltera, o criminoso, todos eram por ele socorridos. Nunca temeu que sua própria reputação viesse a sofrer com isso.
(ESE – Cap. XI, Item 12)

O verdadeiro nome de Madre Teresa é Agnese Bojaxhiu, e, ao contrário do que muitos pensam, sua origem não é eslava, mas albanesa. A razão pela qual ela não se reportava a seu passado nem gostava de falar sobre ele, é que sua família continuava sob a ditadura de Enver Hoxha, um dos mais impiedosos tiranos do século XX, que poderia agir com represálias, prendendo ou maltratando seus familiares.

Durante toda sua vida, Madre Teresa tentou de todas

---

* Parte deste texto foi retirado do livro *Muito Além da Vida*, do mesmo autor.

as maneiras, inclusive através de amigos influentes, retirar sua família daquele regime brutal. Até mesmo promover um simples encontro com os seus familiares, diminuto que fosse, sempre lhe foi negado. Aquele regime foi um trauma em sua existência. Aos oito anos, seu pai, que era vereador e estava na mira da polícia eslava, foi envenenado, após ter sido levado à falência por perseguições políticas. A família, que antes era abastada, passou a vender tapetes e bordados para sobreviver.

Aos 18 anos, Agnese entrou para o convento, animada pelas cartas e relatos de padres jesuítas que trabalhavam como missionários na Índia. Padre Anthony, com o qual mantinha correspondência, lhe escrevia freqüentemente, fazendo amplos relatos de suas atividades e aquilo a enchia de vontade de ser missionária. A Índia era o lugar de sua predileção. Mas para ser missionária, era preciso primeiramente ingressar em uma ordem religiosa. Escreveu então para a Irlanda, para a Congregação de Nossa Senhora de Loreto, a que pretendia, após completado o período de noviciado, solicitar que a enviassem para o país de sua predileção.

Porém, como os caminhos de Deus às vezes são misteriosos, conquanto sábios, Madre Teresa, pois este foi o nome que escolheu para si, em homenagem a uma santa que se destacara pela sua firme obediência, foi mandada para a Universidade de Entally, localizada na periferia de Calcutá, onde deveria obter o diploma de professora.

Alimentando intimamente o desejo de servir aos pobres mais pobres, Madre Teresa sentia-se transtornada com aquela perspectiva de ser professora, mas, instrumento maleável nas mãos de Deus, obedeceu a seus superiores, quando a mandaram ensinar às alunas ricas da cidade as disciplinas História e Geografia.

Teve, portanto, que esperar dezoito anos para

finalmente "escutar" de maneira clara e incontestável o chamado de Deus visando à realização do projeto para o qual nascera: fundar uma nova ordem religiosa fora dos conventos, o que nenhuma congregação religiosa católica havia proposto até então. A caridade deveria ser o lema; o ideal, o combustível dessa nova ordem, que deveria movimentar-se acima de tudo em meio aos mais deserdados da Terra.

Durante uma viagem de trem a Darjeeling, ela recebeu o nítido chamado: servir aos mais miseráveis. Viver entre eles e com eles. Ao voltar dessa viagem, já com os exercícios espirituais concluídos, dirigiu-se a seus superiores, explicando o motivo pelo qual queria afastar-se do convento, ou seja, uma ordem expressa de Jesus para fundar uma nova congregação de missionárias. Foi o início de um longo sofrimento. Algumas amigas não acreditaram nela, julgando que suas explicações eram simples desculpas para fugir da rotina árdua e disciplinada do convento.

Isso levou Madre Teresa a adoecer. Sua superiora aproveitou esse fato para afastá-la para longe, evitando assim algum contágio proveniente daquelas idéias em seu rebanho. Dom Perier, arcebispo, atento ao desenrolar da questão, mandou que a trouxessem de volta, escrevendo em seguida uma carta ao papa Pio XII, o qual concedeu à solicitante permissão para continuar sendo freira fora do convento.

Madre Teresa, ao deixar sua antiga casa, viu-se sozinha, sem um níquel sequer, sem trabalho, sem um local onde comer ou dormir. Agora era tão pobre quanto aqueles a quem queria ajudar. Escolheu como indumentária o "sari", o traje mais comum na Índia. O branco, a cor dos insignificantes, e uma sandália de couro cru, lembravam a humildade de Jesus. Como desejava auxiliar sobretudo aos hansenianos, a primeira providência seria fazer um curso de enfermagem, e ela o fez. Ao concluí-lo, foi visitar a favela de Mtijhil, próxima à escola onde ensinara História e Geografia às filhas de pais abastados. Lá alugou um barraco miserável infestado de baratas e ratos, e começou a ensinar, riscando no chão com uma pequena vara, as primeiras letras do alfabeto a cinco crianças. Três dias depois, já eram vinte e uma. O restante do dia ia de cabana em cabana, ajudando aos que dormiam na sarjeta, aos que se alimentavam de restos de comida, aos que eram abandonados no lixo para serem devorados por ratos e formigas.

Daí para diante, ela e sua ex-aluna, Shubashini Das, que se tornou a primeira freira da nova congregação, As Missionárias da Caridade, e que, em homenagem à antiga professora, adotou o nome de Agnese, revolucionariam o conceito estático de caridade, adaptando-o ao verdadeiro sentido, tal como o entendia Jesus: benevolência para com todos, indulgência para com as imperfeições alheias, perdão das ofensas, apoio incondicional, sobretudo à dor mais atroz.

Todas as manhãs, Madre Teresa e suas irmãs percorriam as ruas da cidade de Calcutá, recolhendo os moribundos, levando-os aos abrigos por ela criados, onde eram banhados, acomodados em leitos e assistidos com amor, para que fossem reconfortados em seus últimos suspiros. Enquanto as pessoas que a filmavam para mostrá-la através da televisão usavam máscaras protetoras contra o mau cheiro, Madre Teresa movimentava-se nas sarjetas, nos locais pútridos, em que somente os ratos, as baratas, as formigas, os ladrões e os excluídos da sociedade eram capazes de viver. De lá retirava os abortados ainda vivos, os restos humanos apodrecidos pela hanseníase, os doentes terminais que nada sabiam sobre dignidade até aquele dia.

Em uma época de crise nas vocações, aquela mulher aparentemente frágil, mas de uma força descomunal, a movimentar-se constantemente nos focos de imundície, lírio em contato com a lama, causava espanto e admiração. Sua força se manifestava em gestos concretos, no exemplo, no choque que causava aos acomodados, na sua inquebrantável vontade de aliviar o sofrimento dos mais infelizes. Para muitos, era difícil entender como um Espírito tão luminoso e dinâmico pudesse encontrar abrigo em um corpo tão frágil e pequeno.

De maturidade moral consolidada, Madre Teresa falava com autoridade penetrante, fazendo calar ante a sua voz todo e qualquer argumento sombrio, ensejando que, em muitas ocasiões, o amor, geralmente relegado ao porão cardíaco, emergisse, revelando vocações e desejos de renovação espiritual. A missão de sua congregação, explicava aos interessados, era aplacar a sede infinita de amor de Jesus Cristo com a profissão de fé dos conselhos evangélicos e com o serviço generoso e gratuito para com os pobres mais pobres, segundo o ensinamento e a vida de Nosso Senhor, expressos no Evangelho.

Sob chuva ou sol, sempre a pé, sorrindo e rezando, Madre Teresa parecia nunca cansar. Quando algum jornalista perguntava sobre sua vida, ela geralmente respondia: *Sou simplesmente um instrumento nas mãos de Deus. Se faço alguma coisa de bom, não é mérito meu. Simplesmente executei, da melhor maneira que pude, a inspiração do Senhor. Por isso não precisam falar de mim, mas da obra que o Senhor me inspirou.*

Sem jamais pedir oferendas a ninguém, essa missionária fundou mais de 4000 casas filiadas, As Missionárias da Caridade, em mais de 120 países, orientando-as a tomarem como diretriz a caridade e a justiça.

A obra dessa mulher excepcional, à qual poderíamos chamar de "a caridade em movimento", é imensa e sólida. Apenas para satisfazer ao leitor ávido de informações sobre essa incomparável figura feminina, traçamos rápido perfil de suas mais notáveis realizações, bem como gestos de reconhecimento mundial sobre o seu trabalho: *criação da Congregação das Missionárias da Caridade; fundação da Casa dos*

Moribundos; fundação da Vila dos Hansenianos; criação do ramo masculino de sua congregação, Os Missionários da Caridade; fundação da Casa da Caridade na Venezuela, no Sri Lanka, em Roma, na Tanzânia, na Austrália, na Jordânia, em Londres, em Belfast, no Ulster, na Irlanda do Norte, em Nova Iorque, na União Soviética e na Albânia.

Prêmios, reconhecimentos e homenagens: *Prêmio Padmashree, atribuído pelo presidente da Índia; Prêmio Magsaysay, atribuído pelo presidente das Filipinas; concessão da aprovação pontifícia para a Congregação Missionárias da Caridade; aprovação pelo papa da Associação de Colaboradores de Madre Teresa; Prêmio para a Paz – João XXIII –, conferido pelo Papa Paulo VI; Prêmio Bom Samaritano, atribuído pelas autoridades de Boston; Prêmio Internacional John F. Kennedy, atribuído pelas autoridades de Nova Iorque; doutorado em Letras, conferido em Washington; Prêmio Pandit Nehru, atribuído pelo governo indiano para a Aliança Internacional; Prêmio Templeton para a Promoção da Religião, conferido pelo príncipe Philip, da Inglaterra; Prêmio Ambrogino de Ouro, conferido pelas autoridades de Milão; Prêmio Albert Schweitzer, conferido pela FAO; Prêmio Internacional – Balzan 1978 –, conferido pelo presidente Pertini, em Roma; Prêmio Nobel da Paz, conferido em Oslo; Prêmio Bhjarat Ratna, conferido pela Índia; láurea* honoris causa *da faculdade de medicina da Universidade Católica do Sagrado Coração, em Roma; o semanário* Time *dedica-lhe a primeira página com o título: Santos vivos: mensagens de amor e paz; o semanário* Paris Matck, *dedica-lhe a capa.*

Todavia, Madre Teresa jamais se deixou fascinar por qualquer um desses gestos de gratidão pelo seu trabalho. Quando o mestre de cerimônias foi lhe entregar uma medalha que é dada a pessoas beneméritas como reconhecimento do povo de Milão, disse-lhe: *Note que é de ouro. Então deveríamos dá-la a alguém que esteja com fome,* foi a sua resposta imediata.

A história que mais gosto de ouvir sobre Madre Teresa

diz respeito a um episódio no qual um jornalista americano, vendo-a tratar um moribundo com gangrena, disse: *Nem por um milhão de dólares eu faria isso!* E Madre Teresa, olhando penalizada para aquela alma ainda distante da verdadeira caridade, respondeu: *Eu também não o faria por essa importância!*
Disse Jesus: *Aquele que desejar ser meu discípulo renuncie a si mesmo, tome sua cruz e me siga.* Propôs assim uma condição radical capaz de desnudar o Espírito fazendo-o revelar as suas intenções mais íntimas. Ao demonstrar em si traços identificativos de orgulho ou de egoísmo, o Espírito ainda não está apto a vivenciar o Evangelho em sua inteireza, e segundo as premissas aludidas na advertência acima, quais sejam, a prática da renúncia e da humildade. Todavia, é necessário começar a obra de regeneração da humanidade. Quem dispuser de pequenina fração de bondade que tome do arado e arranque da terra do seu coração os doces frutos da caridade. Essa é uma das centenas de lições que Madre Teresa veio nos ensinar.
Nossos corações são ainda como a terra inculta que precisa ser trabalhada e semeada com as sementes da fraternidade. Sofrem de intensa miopia, pois vêem apenas a si próprios e às suas dores. Batem no compasso dos seus desejos e não se animam a formar a grande orquestra do amor ao próximo. Mudar esse procedimento cardíaco foi a luta diária dessa extraordinária mulher.
Ser valente, mas dócil, deve ser a postura honesta do ser humano em movimento sobre a face do planeta. Pouquíssimos Espíritos dentre os que já nos visitaram representaram tão bem o ideal cristão que deve nortear-nos quanto Madre Teresa. Ela colocou em prática, para que soubéssemos que isso é possível, a Primeira Epístola de Paulo aos Coríntios: *A caridade é paciente, doce e benfazeja. A caridade não é invejosa; não é temerária nem precipitada; não se enche de orgulho; não é desdenhosa; não busca seus próprios*

interesses; não faz alarde de suas obras nem se irrita com nada; não desconfia; não se regozija com a injustiça, mas com a verdade. Ela tudo suporta, em tudo crê, tudo espera, tudo sofre.

Assim, foi essa mulher de fibra inquebrantável, anjo descido das estrelas para aliviar o sofrimento dos mais desvalidos. A sua simples presença em meio à sarjeta fazia pulsar de esperança os corações sofridos e enchia de consolação o Espírito amargurado. Jamais se deixou acomodar em suas próprias dores, que não eram poucas, utilizando-as como motivo para repouso. O movimento, a ajuda incessante, a doação sem limites sempre a acompanharam até que o seu coração não mais suportou tamanha carga de trabalho.

A ela, as condições sociais, raciais, humanas, religiosas jamais impediram de prestar assistência a quem quer que fosse, mesmo aos criminosos, arrependidos ou não. Se os reveses não distinguem os seres humanos por condições externas, como deveria ela, o anjo da compaixão, tratá-los senão igualando-os com sua oferta de afeto e de dignidade?

Madre Teresa não foi somente a missionária do amor e da caridade entre os deserdados do mundo. Foi, sobretudo, a professora que ensinou incansavelmente e por longos anos, para todo o mundo, o quanto pode fazer um Espírito dotado da vontade de servir. Inspirou milhares de pessoas a saírem de si mesmas e se voltarem para a dor alheia. Tornou o mundo melhor ao despertar vocações, matar a fome e a sede, inclusive de justiça, de muitos milhares de infelizes. Mostrou na lida cotidiana o amor que Jesus tem pela humanidade, pois que envia e incentiva a volta de Espíritos iluminados à Terra, e fez corar de vergonha os abastados que apenas cuidam de conservar e aumentar seus tesouros falíveis.

Ninguém que a tenha observado pode se dizer sem referenciais ou sem condições de ajudar o próximo, pois ela tinha apenas a si mesma, ou melhor, nem a si mesma, já que se doara aos pobres incondicionalmente.

A luz que Madre Teresa acendeu na Terra brilha tão intensamente que a simples lembrança do seu nome leva às lágrimas aqueles que a conheceram e por ela foram beneficiados. Bebês que hoje são homens, homens que hoje são Espíritos, Espíritos que hoje são homens, doentes que foram saudáveis e vice-versa, ricos e pobres que doaram, pobres e ricos que receberam, enfim, as implicações, mudanças e benefícios que essa mulher deixou em larga parcela da população mundial causam admiração e respeito.

Quem contar a história da caridade neste mundo, obrigatoriamente deverá dedicar a essa missionária algumas das mais importantes páginas. E que Deus a traga de volta para que possamos, com o seu exemplo, sair dos nossos lençóis macios e tecer a túnica que abrigará o frio cortante dos pobres mais pobres.

O poeta da paz e da alegria
(Francisco de Assis)

Lembrai-vos de que Jesus disse que somos irmãos, e sempre
pensai nisso antes de repelir o leproso ou o mendigo.
(ESE – Cap. XIII, Item 9)

Escrever sobre Francisco de Assis, homem de vanguarda, ecologista, poeta, cantor, pedreiro, pregador, enfim, homem que não recusava qualquer trabalho desde que fosse para o bem do próximo, transcende aos meus simples dotes de contador de histórias. Francisco de Assis inspirou e inspira milhões de pessoas a lutarem pelas forças positivas do planeta, a doarem e se doarem por amor a Jesus Cristo. Essa força eu não entendo tão bem a ponto de poder explicar, embora com ela tenha afinidade.

Sempre admirei a figura de Francisco, desde que conheci a sua história através das primeiras lições do catecismo infantil. Ele não nasceu pobre nem em meio a pessoas que o induzissem à pobreza. Sendo seu pai um abastado comerciante, obrigava-o a passar horas atrás de um balcão a fim de aprender as artimanhas utilizadas pelos comerciantes visando obter maiores lucros. Francisco estava destinado, segundo ele, a ser alguém capacitado a levar vantagem nos negócios que fazia. Nas horas de folga ele se reunia com os amigos e participava de festas e brincadeiras comuns a sua idade. Impossível, àquela altura de sua vida, alguém deduzir algo sobre a sua personalidade futura, sobre o potencial de amor puro que o tornaria o santo mais popular do planeta, principalmente em meio aos pobres.

Ao participar das Cruzadas, lutas que tinham por finalidade libertar a Terra Santa retida nas mãos dos muçulmanos, esse guerreiro sem convicção de matar os inimigos foi feito prisioneiro, sendo libertado um ano depois, ocasião em que enfrentou grave doença que lhe afetou a mente.

Ao observá-lo nesse novo estado, dir-se-ia que Francisco perdera o interesse pela vida, pois, das aventuras que o caracterizavam como jovem alegre e extravagante, dissipador do patrimônio familiar, nada mais restava. Vagava pelas ruas, demorava em observação dos painéis da natureza, corria atrás de borboletas e passarinhos e, certa feita, parado num pequeno outeiro, ajoelhou-se e orou fervorosamente. Tido por alguns companheiros como maluco devido à radical mudança que efetuara em sua vida, chegou a ponto de beijar um leproso que lhe pediu esmola. Eis como o episódio aconteceu: Como a maioria das pessoas, Francisco também evitava aproximar-se desses desgraçados e, mesmo esforçando-se para atendê-lo, evitou olhar seus olhos para não denunciar o desconforto que o dominava. Todavia, o restante da barreira que obscurecia a sua mente, imprimindo-lhe o esquecimento do passado, pois era um Espírito superior, caiu de vez, permitindo-lhe revelar toda a luminosidade do seu amor. Foi então que se aproximou do leproso e o beijou, provocando verdadeiro arrepio de repugnância na sociedade de onde viera.

A partir de então, a vida de Francisco não lhe pertenceu mais. Fora tomado pelo amor, que o utilizou em milhares de ações e exemplos, abrindo verdadeira clareira entre o cipoal do orgulho e das vaidades mundanos.

Interpretados, às vezes como falsos santos, pois seu exemplo arrastou a muitos para o caminho da caridade, ele e seus amigos eram apedrejados e insultados por egoístas inveterados que faziam questão de acumular tesouros perecíveis. A mensagem de Francisco era para que todos amassem a todos, os mais fracos e doentes fossem amparados, os tristes pudessem ser consolados, os fortes e ricos fossem fraternos, os criminosos fossem educados para que se tornassem pacíficos.

Ao identificar-se como parte integrante do mundo a que viera habitar, tornou-se o irmão de todos, o servidor, confirmando e exaltando a paternidade divina. Ao ensinar a preservação da natureza, tratando, inclusive, os animais como seus irmãos, estabeleceu diretrizes ecológicas para o equilíbrio entre o homem e o ambiente. Ensinou não somente a respeitar a natureza, mas, sobretudo, a amá-la, engrandecê-la para que pudesse ser conservada e melhorada para as gerações futuras.

Além de inspirado poeta, Francisco, cantava louvores a Deus, agradecendo as bênçãos com as quais Ele nos favorece a toda hora. Mesmo em seu leito, já carregado de sofrimento, prestes a deixar o corpo carnal, sua alma não tinha palavras para acusar a dor que o vitimava. Antes, sua fé mais se fortalecia e suas preces mais encantavam a todos: *Louvado sejas, Senhor, com todas as tuas criaturas, especialmente nosso irmão Sol, que nos traz o dia e a luz, formoso, radiante, cheio de esplendor, símbolo da tua divina claridade.*

No natal de 1223, Francisco, querendo imitar as condições nas quais Jesus nascera, construiu uma cabana de palha e no seu interior colocou as figuras do menino Jesus e, ao seu redor, José, seu pai, e Maria, sua mãe. Colocou ainda os reis magos, bem como um jumento e uma vaca, para que todos vissem na prática as condições em que viera ao mundo o Salvador. A partir de então, o Natal traria esse símbolo que vincula a figura de Jesus a uma festa de renovação de sentimentos, de aprendizagem do amor, da conquista por parte da alma dos valores priorizados pelo evangelho.

Francisco representa, dentre outras lições, a firmeza de ideais. Uma vez decidido o que fazer, escolhido o caminho, não cabe mais desânimo nem retrocessos. Era necessário reconstruir uma igreja. Ele escutara uma voz incumbindo-o dessa missão. Entendendo que a ordem partira dos Espíritos superiores ou do próprio Cristo, tratou de ele mesmo, sangrando mãos e pés nas pedreiras, iniciar e dar prosseguimento à reforma.

Essa atitude de se fazer pedreiro, agricultor, faxineiro, serviçal comum, mostra uma outra virtude peculiar aos Espíritos superiores: *Aquele que quiser ser o maior no reino de Deus que seja o menor entre os homens*, disse Jesus. Francisco jamais andou à procura de honrarias, riquezas materiais, favores para si próprio. Não admitia que atribuíssem virtudes a ele mesmo senão as de um homem comum, sendo o bem que fazia propagado por pessoas que o observavam. Sua arma mais poderosa era o amor que se desprendia do seu Espírito como uma energia a provocar mudanças em outras almas. Homens ricos doaram todos os bens que possuíam e o seguiram. Homens pobres, ao encontrá-lo, doaram a si próprios e se tornaram ricos diante de Deus.

Francisco chegou ao mundo em um momento histórico em que a religião católica, carregada de poder, desviava-se do caminho traçado por Jesus. Vale aqui ressaltar que o Mestre não deixou uma religião no sentido estrito da palavra, mas uma filosofia de vida para aqueles que desejassem sofrer menos e acelerar seus passos no caminho evolutivo. Para que qualquer Espírito adentre o reino de Deus não é necessário rótulo religioso, apenas que ame a Deus e ao próximo, roteiro inscrito na pauta de, praticamente, todas as religiões e de nenhuma em particular, pois o Cristo não forneceu exclusividade a nenhuma delas.

A mensagem que Francisco inspirou no pensamento dos seguidores de Cristo foi a de que todos podem ser felizes na simplicidade, amando e servindo àqueles que, por si próprios, não conseguem ainda servir. Ao preferir a pobreza como estilo de vida não quis menosprezar a riqueza, mas mostrar que ela deve ser partilhada a benefício de todos, tornando-se ele mesmo um pedinte em nome dos que nada possuíam.

Francisco foi uma ponte entre o céu e a Terra. Através dela o pensamento divino pôde ser materializado, entendido e imitado por qualquer um que mostre afinidade com seus princípios. Homem de pedagogia clara e de exemplos profundos, conceituou a Terra como mãe generosa, os animais como nossos irmãos menores, os homens e mulheres como seres iguais amados por um Pai cheio de misericórdia.

Por intermédio dele, revitalizou-se a mensagem autêntica de Jesus, que veio para os doentes do corpo e da alma, sendo os deserdados do mundo os seus bem-amados. Essa foi a verdadeira reforma que Francisco veio efetuar, colocar o amor no centro da religião, o sentimento acima das questões políticas ou sociais. Espírito universal, sua mensagem não encontra barreira em nenhuma associação do planeta, mesmo porque o amor cabe em qualquer parte e abre qualquer porta.

Para Francisco as limitações da fome, da sede, do cansaço ou da doença eram todas superáveis em benefício do amor. Este era o seu combustível. Se Jesus nos deixou o *Pai Nosso* como oração maior, Francisco nos legou a sua oração poema que inicia com um pedido de trabalho: *Senhor, fazei de mim um instrumento de vossa paz.*

O Espiritismo, adotando a caridade como estilo de vida, mantém total afinidade com o pensamento desse valoroso guia, tomando suas lições como referenciais de suas ações. Francisco de Assis é um Espírito muito amado pelos espíritas, que o consideram um alto emissário de Jesus, por este enviado para fazer progredir a humanidade. Não é pequena a falange de Espíritos que auxilia nas reuniões de desobsessão promovendo a paz em nome desse venerado amigo. Como seu inspirador, mostram-se em trajes modestos ocupando-se de tarefas árduas em que o amor é a ferramenta maior. Grande é a doçura e a leveza dessa falange de espíritos angélicos que, em nome do cantor da paz e da alegria que residiu em Assis, alivia as chagas tão abundantes em nossa vida.

Conta-se que um dia, enquanto Francisco regava algumas flores, um frade seu amigo perguntou-lhe: *Francisco, se você soubesse que morreria amanhã, o que faria?* — **Continuaria regando o jardim.** O que se pode extrair de tão lacônica resposta? Que sua paz de Espírito, fruto do dever retamente cumprido, do imenso amor que espalhara no mundo, era tanta que poderia esperar a visita da morte com a calma dos justos. Não se afligiria, não enlouqueceria, não sairia a correr e pedir perdão aos que ofendera, pois a ninguém maltratara, nem tentaria subornar a Deus com negociações. Apenas praticaria a rotina que estabelecera para sua vida: amar incondicionalmente a tudo e a todos.

Vale aqui ressaltar que o amor não escolhe rótulos, não impõe exclusividade, não se prende ao tempo ou a condições outras que não sejam as criadas por ele próprio. Não é espírita, católico, protestante ou ateu. Pertence a todos e a ninguém. Simplesmente ama e ponto final.

Seus métodos são suaves e seus frutos doces. Não grita, sussurra. Não agride, afaga. Não castiga, disciplina. O amor é esse mestre que dispõe sempre de horas vagas para ensinar. Por que não chamá-lo?

Se não podemos ainda ser Francisco, aquele que leva o amor, sejamos apenas o cisco, o que se deixa levar pelo amor, até que, caminhando com nossos próprios pés, possamos verdadeiramente atingir a condição de instrumentos da paz.

A sede de justiça
(Sócrates)

Sede, pois, severos para convosco, indulgentes com os outros. Pensai nAquele que julga em última instância, que vê os pensamentos secretos de cada coração.
(ESE – Cap. X, Item 16)

Uma das virtudes mais desejadas e cuja ausência impossibilita a instalação da paz entre nós é a justiça. Por ela já morreram milhares de seres humanos e se sacrificou um número maior ainda. Por amor a ela desceram dos mundos mais evoluídos dezenas de Espíritos, escreveram os poetas, discutiram os filósofos, pregaram os religiosos. Tentando retê-la, ergueram monumentos, construíram cadeias, confeccionaram mordaças.

A instalação da justiça é um objetivo severamente combatido em um mundo onde a cobiça não tem freio. Por outro lado, é fogo difícil de apagar quando incendeia corações que a bombeiam junto com o próprio sangue.

Jesus referiu-se a ela por duas vezes em seu famoso Sermão da Montanha: *Bem-aventurados os que têm fome e sede*

de justiça porque serão fartos; bem-aventurados os que sofrem perseguição por amor à justiça porque deles é o reino dos céus.
Justiça e amor caracterizam e resumem a atividade do próprio Deus. Justiça que distribui a cada um segundo as suas obras. Amor que acolhe a todos e permite que todos participem do seu reino. Por tal razão podemos adotar a justiça como um referencial seguro na aferição dos atos de qualquer pessoa. Se alguém se diz bom, honesto, sábio e pratica injustiça é apenas um mentiroso. Citando as características de qualquer Espírito superior, ser justo é uma condição obrigatória.

Não devemos, contudo, confundir a justiça com o direito. Vivemos na Terra o reinado do direito, sendo este escrito por homens falíveis que constroem obras falíveis e mutáveis. Julga-se por provas materiais levando-se em consideração atenuantes e agravantes, às vezes, forjados. A justiça transcende o direito e julga mais a intenção do que o fato em si. Tem seus atenuantes e agravantes medidos pela análise interior do Espírito. O reinado da justiça ainda está longe dos tribunais terrenos.

Antes de Jesus conviver conosco, um homem de pensamento semelhante ao seu, gostava de passear pelas ruas de Atenas e de palestrar sobre virtudes pouco usuais entre os circunstantes. Um homem simples que jamais se interessou por bens materiais e cujo apego maior era a filosofia, no seu entender, amor ao conhecimento. Um homem que provocou verdadeira revolução no pensamento filosófico grego, antes dele, centrado na natureza e, a partir dele, atrelado à moral. Esse homem, filho de varredor de uma casa que vendia estátuas, sendo ele mesmo um escultor não muito aprimorado, chamava-se Sócrates. Podemos tomar como essência do seu discurso, no que diz respeito à evolução da alma, o seguinte resumo: *O homem é uma alma encarnada que vem de um mundo comum a todas as almas e a ele retorna após a morte, o mundo das idéias. De aprendizagem ainda* não concluída, a alma deve retornar à matéria tantas vezes exija o seu nível de conhecimento até que, tornando-se sábia, dominando o conhecimento peculiar àquele mundo em que tramita, mude-se em definitivo para o seu mundo de origem.

Sendo assim, argumentava o mestre aos seus aprendizes, não haveria razão para que alguém perdesse tempo e energia em construções inúteis, de vez que, agindo dessa maneira, forçosamente deveria retornar ao mundo material para reparar os males cometidos, bem como para aprender o significado real da existência. Em suas discussões, sempre rodeado por curiosos que com ele aprendiam como priorizar e exercitar os valores eternos no cotidiano, Sócrates levava ao ridículo as vaidades humanas, mostrando através das contradições cometidas por seus oponentes a esterilidade existente em seus referenciais. A preocupação constante do filósofo, dizia, é cuidar muito bem da alma, menos por esta vida, que é só um instante, mas sim em vista da eternidade. Se a alma é imortal, não é sábio viver com vistas à eternidade?

Toda a vida e obra desse filósofo, tiveram como fim elevar o homem da sua condição de *sofista*, ou seja, iludido ou iludente por acreditar nos artifícios da palavra sem o devido respaldo das virtudes. Era de sua pedagogia que cada ser humano deveria, antes de qualquer estudo, conhecer a si próprio, suas limitações, erros e virtudes para então alargar, consertar e aprimorar a sua alma.

Chamando de homem vicioso aquele que amava mais o corpo que a alma, e de virtuoso o que procedia inversamente, apelava aos filósofos para que se tornassem exemplos práticos do que diziam, sob pena de fazerem mais mal do que bem: *As mais belas preces e os mais belos sacrifícios agradam menos à divindade que uma alma virtuosa que se esforça por assemelhar-se a ela.* Com justiça, Sócrates é considerado o precursor da Doutrina Espírita, pois, sua teoria, em essência, um resumo do que ocorre com a alma na escalada evolutiva, por ele foi revelada mesmo antes que Jesus a mencionasse. Como a Sócrates interessava a verdade, o aprimoramento intelectual e moral dos homens, não perdia espaço para esclarecer aos circunstantes sobre tão delicado tema: *A alma impura, tornando-se pesada, é arrastada de novo para o mundo visível pelo horror ao que é invisível e imaterial. Diz-se, então que ela erra em torno dos mausoléus e dos túmulos, ao pé dos quais se têm visto por vezes fantasmas tenebrosos, como devem ser as imagens das almas que deixaram o corpo sem estar inteiramente puras, e que retêm alguma coisa de forma material, o que faz com que o olho possa percebê-las. Não são essas as almas dos bons, mas dos maldosos, que são forçadas a errar nesses lugares, onde carregam a pena de sua primeira vida, e onde continuam a errar até que os apetites inerentes à sua forma material tragam-nas de volta a um corpo. E então retornam sem dúvida aos mesmos costumes que, durante sua primeira vida, eram objeto de suas predileções.*

Que bela descrição envolvendo aspectos sobre a lei de causa e efeito, perispírito, mediunidade, reencarnação, temas fundamentais da Doutrina Espírita. A alma impura tem o seu perispírito de tal modo denso que, às vezes, se torna visível aos olhos dos encarnados. Muitos são os Espíritos que, perturbados, ficam a vagar em torno do corpo em decomposição, dos lugares onde desempenharam seus papéis, tanto por desconhecerem a realidade em que se inserem quanto por não se fazerem credores da ajuda espiritual de que carecem. Posteriormente, cansados, famintos, alucinados, partem em busca de outros com os quais estabelecem afinidades na tentativa de saciar seus apetites, até que a providência divina os recoloque no mundo material através da reencarnação.

A Doutrina Espírita teve suas bases lançadas bem antes de Kardec, sendo este apenas o coordenador, pelo lado material, de um projeto pedagógico com finalidade de tornar a idéia mais clara e mais bem aceita, o que se tornou possível através da excelente argumentação, detalhamento e aprofundamento com os quais o notável pedagogo tratou a velha idéia. Se a idéia original não era dele, não diminuamos o seu mérito, seu amor ao trabalho que lhe foi entregue, sua perseverança nas pesquisas, fato que o levou ao túmulo prematuramente em função do esforço despendido para concluir tão hercúlea tarefa.

Sócrates, na sua admirável intuição, deixou para os olhos atentos dos aprendizes outras revelações, tais como a existência do anjo guardião, um guia espiritual que nos acompanha, e a comunicação entre encarnados e desencarnados. Lembrou ainda que passamos, após o desencarne, um período de tempo na erraticidade, no qual seremos tratados conforme nossos méritos ou deméritos, para em seguida voltarmos à carne: *Após nossa morte, o gênio (daimon, o mesmo que demônio, Espírito), que nos fora designado durante nossa vida, leva-nos a um lugar onde se reúnem todos os que devem ser conduzidos ao Hades para aí serem julgados. As almas, após terem demorado no Hades pelo tempo necessário, são trazidas de volta a esta vida por numerosos e longos períodos.*

Por tantas idéias inovadoras em um meio dominado por velhas crenças, interesses imediatistas e ignorância acerca das verdades divinas, Sócrates foi condenado a ingerir veneno, sob a acusação de perverter a juventude e não acreditar nos deuses reconhecidos pela cidade.

Sócrates entra neste livro da mesma maneira como entrou no mundo, como um clarão na noite escura revelando a face real do cenário ao seu redor; por ser um Espírito lúcido, destemido, amoroso, amante do conhecimento. Sua doutrina do autoconhecimento, da auto-análise dos atos cometidos por cada um é atualíssima. Sem um estudo profundo do nosso interior jamais dominaremos as influências exteriores.

Para aqueles que não conhecem a sua obra e também para os conhecedores, esquecidos da sua importância, relembramos aqui pequena fração do diálogo desse grande mestre com Polo, registrado por Platão, em *Górgias*, no qual o objetivo é definir a finalidade da retórica: ... *para nos acusarmos a nós próprios ou a qualquer dos nossos parentes ou amigos, de ser por ventura culpados, que seja sem nada ocultar, pondo antes bem a claro a falta, para que o seu autor sofra o castigo e se cure. Para tanto, ela a retórica deverá forçar-nos, e aos outros, a não ter medo, a ir de olhos fechados e corajosamente, como quem se oferece ao médico para ser lancetado e cauterizado, rumo ao objetivo do bem e do belo, sem preocupação com a dor, e se o que fizemos merece pancadas, deixemo-nos bater, se merece cadeia, deixemo-nos prender, pagando, se a pena for pagar, exilando-nos, se a pena for o exílio, morrendo, se a pena for a morte. E sejamos sempre os primeiros a acusar-nos e aos nossos, utilizando a retórica com o único fim de tornar evidentes as nossas faltas, para nos libertarmos do maior dos males, que é a injustiça.*

Para esse grande mestre a retórica tem sua utilização maior na denúncia da injustiça, principalmente, quando esta for praticada por nós. Ao emitir tal conceito, Sócrates combatia os sofistas como Jesus combateu os escribas e os fariseus, que se muniam de jogos de palavras, de pensamentos adocicados mas vazios de conteúdos, manipulando as massas a seu favor. Um homem de tal caráter e magnitude não passa pelo mundo sem inimigos que, invariavelmente, o importunam.

Antes de Jesus, os sofistas iludiam o povo com suas belas palavras que se desfaziam diante da argumentação de um bom pensador. Hoje, por falta de senso crítico das populações, os sofistas invadiram os palácios, a política e, mais aprimorados, resistem até que algum *Sócrates* os ponha no devido lugar, qual seja, o de embusteiros.

Na estruturação da idéia espírita, Sócrates voltou como um dos participantes da falange do Espírito de Verdade, codinome utilizado pelo Espírito que comandava a operação pelo lado *invisível*. Na condição de precursor veio dar conclusão ao seu trabalho, imprimindo nele o selo da sua inquestionável sabedoria.

Também, à semelhança de Jesus, foi morto por aqueles que queriam ocultar a verdade, sol incandescente, com seus escudos de cera. Mais vale a defesa da verdade que alguns anos na carne, pois é justamente a defesa da verdade que encurta os anos a serem vividos na carne. E esta é ainda uma das lições deixadas por este amigo que veio das estrelas, deixando o sábio conselho de uma vertical análise sobre si próprio como roteiro evolutivo para a prática da justiça.

Um inadaptado na Rússia
(Leon Tolstói)

Os bens da Terra pertencem a Deus, que os concede segundo Sua vontade, e o homem é apenas o usufrutuário deles.
(ESE – Cap. XVI, Item 10)

Nem sempre a superioridade moral de um homem se revela em suas primeiras ações. Em alguns, parece que a fermentação que a antecede precisa de um tempo para produzir as reações necessárias à limpeza da crosta infiltrada em seu caráter.

Ao mergulhar na carne, influenciado pelo meio em que vive, o Espírito precisa sacudir a letargia que aparenta manietar-lhe a memória para depois buscar em si mesmo os referenciais já firmados em existências anteriores. A volta à carne o coloca como o mergulhador que, ao sair de um mar de sargaços, necessita desvencilhar-se dos liames que a ele se grudaram.

Após essa providência, ele vê claramente o seu destino, reencontra suas virtudes, reassume a sua individualidade, passando a guiar-se pelos padrões íntimos já testados e aprovados pela sua consciência.

Tal como no desencarne, em que o Espírito entra em um período de perturbação no qual, a depender do estado evolutivo, não vê claramente a realidade em que se insere, no reencarne a situação também o deixa confuso, até que, se possui valores morais já consolidados, apela para eles, que emergem das profundezas da mente para o consciente atual. Tais Espíritos sofrem menos a influência do meio, mas tornam-se, às vezes, inadaptados aos costumes vigentes.

Assim parece ter acontecido a Tolstói, o grande escritor russo autor do romance *Guerra e Paz*. Segundo ele próprio, como fez constar em seu diário, foi um jovem ocioso e viciado em jogatinas. Tentando tornar-se útil à sociedade em que vivia, procedeu a estudos diplomáticos na Universidade de Kazan, onde aprendeu vários idiomas. Falava com facilidade o francês, o italiano, o inglês e o alemão. Estudou o grego clássico e desistiu de tudo devido à monotonia dos métodos universitários.

Para um Espírito dinâmico e de raciocínio treinado, cuja mente apreende com facilidade a síntese daquilo em que se empenha, a aprendizagem em doses homeopáticas não satisfaz. Tolstói era um Espírito com muitas conquistas no campo intelectual. Aquilo parecia uma mera repetição de matéria já analisada e arquivada em sua mente e ele foi em busca de outros caminhos. Buscou o estudo das leis, empenhando-se em conhecer jurisprudência, mas desencantou-se, porém, com ela, por não encontrar ressonância entre o material estudado e a justiça social, entre o direito e a moral.

Desistindo dos estudos, tentou a carreira militar, acossado por cobranças de dívidas contraídas em bancas de jogo. Alistou-se no exército e foi lutar contra os tártaros nos picos nevados do Cáucaso. Em 1853, já oficial, lutou na guerra da Criméia, onde colecionou material para suas crônicas e romances. Após quase cinco anos de luta, já consagrado escritor devido às crônicas da guerra que enviava para o mundo civilizado, retorna para sua terra.

Mesmo admirado, o que fazia dele um homem requisitado e respeitado, Tolstói sentia-se estranho ao ambiente da corte. Uma solidão interior o fazia rejeitar aquele estilo de vida voltado para objetivos que não o atraíam. Para ficar a sós, meditar sobre sua vida, viajou pela França, Suíça e Alemanha, retornando mais calmo para sua fazenda amada, a *Yasnaia Poliana*, de onde podia admirar as estepes sem fim da Rússia.

Ao fincar o pé de vez na terra que lhe pertencia, amadurecido pelas meditações nas quais buscava o verdadeiro sentido da vida, iniciou profundas modificações no relacionamento com seus subalternos, tratando a todos com bondade e humildade. Iniciava dessa maneira a sua luta para deixar sobre o solo russo o exemplo que modificaria a muitos.

Começou por criar uma escola para os filhos dos camponeses, imprimindo nela uma metodologia diferente da usual em seu país. Em sua escola era permitido ao aluno a liberdade de sair de sala de aula se assim o desejasse a fim de respirar ar puro. Se um problema afligia o aluno deixando-o absorto, desviando-o da explanação do professor, esse não deveria ser repreendido. Tais métodos em uma escola tradicional, patriarcal, onde a palmatória impunha o medo e a atenção devidas ao professor, não tiveram a aprovação das outras escolas. As críticas à sua maneira de tratar a educação aumentaram quando ele resolveu recusar os textos russos por serem antiquados e enfadonhos, preferindo textos americanos, gota d'água que inundou os brios dos dirigentes educacionais que, presto, fecharam a *escola herege*.

A Rússia, país mais despótico da Europa, sentiu de imediato a ousadia daquele homem que prometia tirar o sono dos governantes. Jamais alguém fora capaz de tamanho desacato às autoridades e às normas estabelecidas para o *progresso* do povo. O mal-estar agravou-se logo que Tolstói começou a espalhar idéias sobre a liberdade de expressão, afirmando, inclusive, que os chamados "crimes políticos" não deviam ser reprimidos, pois tinham como gênese a saúde mental do povo. Quando mal saía de uma confusão na qual era ameaçado de castigo e de prisão, logo aprontava outra, desafiando o perigo como quem não tem apego à vida. Tudo quanto ele escrevia era censurado e proibido, desde que encontrassem em suas páginas algum *cheiro* de incentivo à liberdade e à justiça. Em sua defesa, o povo enviava tais obras para outros países, que as traduziam e as faziam retornar pela mesma porta pela qual saíra.

Na Rússia, a fonte de renda da nobreza era o latifúndio. Os nobres retinham as terras e os camponeses nelas trabalhavam como *escravos* para apenas sobreviverem. Somente uma providência poderia fazer com que a nobreza fosse forçada a distribuir suas terras com os camponeses: o imposto único; e foi justamente este delicado ponto que Tolstói resolveu defender abertamente. Desnecessário dizer que, desta vez, ele atraiu a ira do czar, do governo e da nobreza à qual pertencia, pois era filho de um conde e de uma princesa.

Pode-se perguntar por que esse causador de inquietações entre os poderosos não era eliminado como qualquer um outro que ousasse desafiar as autoridades constituídas. Simplesmente porque era famoso no mundo inteiro pelas excelentes obras que escrevia. Para concluir o livro *"Guerra e Paz"*, descrição da invasão das tropas de Napoleão à Rússia e de sua retirada devido ao inverno, levou sete anos. Ao lançá-lo, ele foi de pronto traduzido para vários idiomas, tornando-se uma obra internacionalmente conhecida. Matá-lo, seria transformá-lo em mártir, criar um mito, lançar contra a Rússia os protestos de todos que o admiravam. Tolstói era a prova viva de que a caneta vale mais que a espada. Ciente disso, já reformado pelo evangelho de Jesus, no qual escudava a sua palavra, passou a criticar qualquer ato de violência por ser contrário à moral do Cristo.

Jesus havia dito: *Quem viver pela espada, morrerá pela espada; os reinos devem ser tomados pelo amor e não pela força bruta.* Contra esse discurso voltou-se o Exército, exigindo punição exemplar para aquele que, um dia, fizera parte de suas hostes.

Cansado de ver injustiça e egoísmo entre os mortais comuns, dirigiu-se então o autor de *Ana Karênina* para a Igreja Ortodoxa. Depois de algum tempo entre incensos, cálices e ladainhas lacrimejantes que não chegaram a sensibilizar-lhe o Espírito nem a amenizar sua crítica mordaz contra as injustiças, saiu lançando dardos contra os religiosos: *Muitos sacerdotes escondem sob o seu aspecto digno e seus rituais uma crassa ignorância.*

Desta feita, o autor de *Sonata a Kreutzer* aprendera, enfim,que o reino de Deus se encontra dentro de cada um e que nem toda parafernália do mundo é capaz de propiciar uma fé sincera a quem tem o interior vazio. Com mais uma briga criada e mais inimigos a combater voltou para sua fazenda.

Lá viveu como acreditava que devia ser a conduta de qualquer cristão. Libertou-se do apego às coisas materiais, dividiu a propriedade com a família e doou seus direitos autorais à beneficência pública. Para garantir o seu sustento, já velho, tornou-se um sapateiro, para desgosto dos parentes que não entendiam o pensamento daquele Espírito cuja fibra inquebrantável já não suportava o corpo alquebrado.

No dia 7 de novembro de 1910, no interior de um trem, Tolstói é acometido de uma pneumonia, sendo levado para a casa do chefe da estação, para onde seus familiares logo acorreram, escutando dele as últimas palavras: *Amo a muitos...*

As idéias desse romancista exerceram grande influência no mundo devido aos anseios de liberdade e justiça que as caracterizavam. Respondendo a uma das cartas que o argüíam sobre a idéia do carma, assim se expressou: *Toda a nossa vida, do nascimento à morte, com todos os seus sonhos, não é, por seu turno, também um sonho, que tomamos como a verdadeira vida, de cuja realidade não duvidamos apenas porque não conhecemos outra vida mais real? Os sonhos de nossa vida presente são o ambiente no qual trabalhamos as impressões, os pensamentos, os sentimentos de uma vida anterior. Já que vivemos através de milhares de sonhos em nossa vida presente, assim nossa vida presente é apenas um dos muitos milhares de vidas pelas quais passamos, vindos de outra vida, mais real, para a qual retornamos após a morte. Nossa vida não passa de um dos sonhos daquela vida mais real, e é, portanto, infinita, até a derradeira, a verdadeira vida, a vida de Deus.*

Cartas como esta eram trocadas entre o escritor e Gandhi, que dele se tornara grande admirador.

Após o desencarne, o também poeta e reformador social que escrevera *Que é a Religião?* continuou em aprendizagem junto a grupos de intelectuais até que, em contato com a médium Yvonne Pereira, com a qual mantém grande afinidade, voltou a exercitar-se na arte da escrita, sendo um dos seus livros por ela psicografado, *Ressurreição e Vida*, no qual descreve aspectos do planeta Marte: *Eis Marte com sua cor avermelhada, companheiro imediato da própria Terra, menor que esta, e ainda mais distante do Sol, e em cujos ambientes fluxos e refluxos reencarnatórios são estabelecidos ainda com a própria Terra, apresentando superfície semelhante à desta e padrão científico superior, enquanto a moral dos seus habitantes é mais ou menos idêntica à dos homens considerados honestos e progressistas na sociedade terrena.*

Faço esta citação sobre Marte devido ao enorme interesse dos cientistas terrenos sobre aquele planeta, até agora considerado estéril e sem possibilidades de abrigar formas de vida, mesmo as mais simples, em face das pesquisas que desenvolvem.

Tolstói, segundo suas correspondências com amigos, adotara a idéia da reencarnação, única capaz de explicar a complexidade e a diversidade dos destinos humanos. A sua inquietação e inadaptação frente a um mundo, onde o mal causava imensos dissabores, se devem ao fato de os seus valores espirituais encontrarem-se em desacordo com o meio em que habitava, eivado de homens egoístas e orgulhosos.

Como durante a encarnação fora se desvencilhando das posses materiais, atingiu o momento do desencarne sem fardos para transportar para o outro mundo, o que lhe deu nesse instante, a sensação do dever retamente cumprido. Tudo quanto conseguiu dizer foi que amava a muitos. Por que usaria aqueles segundos para lamentações ou recriminações? Apenas o amor deveria preencher aqueles momentos.

Raríssimos Espíritos partem da terra nessas condições. Sem mágoas, sem traumas, sem reclamações. Não havia tempo para enumerar familiares, amigos, admiradores. Deixou o mundo com uma síntese de seus sentimentos. De todas as virtudes que lhe tornaram o caráter um diamante lapidado, perpassou de relance a longa lista composta pela disciplina, pela coragem, pela inteligência, pela bondade, pela sinceridade, pela perseverança, pela solidariedade... e escolheu o amor para expressar seu sentimento mais profundo.

Agiu como alguém que, chamado a sintetizar, em uma frase de três palavras, a sua vida inteira, não tergiversou: **Amo a muitos.**

E partiu para as estrelas de onde viera.

Vivência espírita
(Bezerra de Menezes)

A benevolência para com seus semelhantes, fruto do amor ao próximo, produz a afabilidade e a doçura, que são sua manifestação.
(ESE – Cap. IX, Item 6)

A biografia de Bezerra de Menezes é muito conhecida no Brasil por ter sido este grande médico um benfeitor para a pobreza, doando tudo quanto possuía de seus recursos quanto de si mesmo em trabalho infatigável e incessante. Esse verdadeiro cristão, sem admitir-se como tal, raridade na política, pois de moral ilibada, nela adentrou apenas para ajudar as populações que nele encontraram um defensor, não nasceu em lar espírita nem adotou a caridade como forma de se relacionar, incentivado pela leitura de obras doutrinárias. Veio ao mundo com suas convicções centradas na bondade, na honestidade, no amor para com todos, sempre utilizando de extremo respeito aos valores de cada um e agindo conforme os conselhos evangélicos, inspirado no amor que intimamente dedicava a Jesus e ao seu evangelho. Logo que se formou em medicina, passou a ser visitado por numerosa clientela, espalhou-se o seu nome por bairros distantes e ficou conhecido como um profissional que acertava na doença e no remédio. Contudo, parecia ter vergonha de cobrar por seus serviços, encontrando-se sua carteira quase sempre vazia. O pouco que ganhava era ainda distribuído com quem não podia comprar os medicamentos que ministrava. Seus colegas diziam que ele selecionava bem a freguesia ao ficar com os pobres, que não podiam pagar. Não restam dúvidas de que eles se sentiam aliviados ao tratar da parte mais abastada da população. Mas isso durou pouco tempo, pois, com o sucesso no tratamento das doenças entre os pobres, também os ricos passaram a freqüentar seu consultório, pagando por suas consultas. Aquele dinheiro, mal saía das mãos abastadas e logo passava às mãos necessitadas, uma vez que Bezerra jamais negou ajuda a um sofredor. Iniciava ali a fama não planejada por ele, de apóstolo da caridade no Brasil.

Certa feita, um amigo perguntou-lhe se ele gostava de música. Respondendo afirmativamente, foi convidado para ir à companhia lírica onde poderia repousar os ouvidos dos lamentos dolentes de sua clientela. *Não posso*, respondeu. *Os meus doentes não me dão tempo de ouvir as harmonias líricas. Mas assim, em pouco tempo estarás embrutecido*, argumentou o amigo. *Nem tanto. Isso me traz a vantagem de ouvir as harmonias do coração, que é a música mais linda que há no mundo*, concluiu.

Era o pensamento desse dedicado médico: *um profissional da área da saúde não tem o direito de terminar uma refeição, nem de escolher hora, nem de perguntar se é longe ou perto, quando um aflito qualquer bate à porta. Apenas lhe cabe aliviar a dor com o máximo de presteza possível.*

Bezerra se casara e já ficara viúvo com dois filhos

pequenos, quando um seu amigo, Dr. Travassos, o presenteou com um exemplar de *O Livro dos Espíritos*, o qual, durante as viagens de bonde, foi folheando e lendo, identificando-se de imediato com o que ali estava exposto. Posteriormente comentou sobre o que lera: *Lia. Mas não encontrava nada que fosse novo para o meu Espírito. Entretanto tudo aquilo era novo para mim! Parece que era espírita inconsciente, ou como se diz vulgarmente, de nascença.*

Bezerra de Menezes tinha uma fé e uma prática social semelhantes às da grande benfeitora da humanidade, Madre Teresa de Calcutá. Esta nada pedia a ninguém, nem mesmo a reforma interior de seus beneficiados, o que conseguia, às vezes, pela força do exemplo que dava. Certa feita, indagada sobre este fato, ela respondeu: *Minha obra é desejo do Senhor. Ele é que deve interessar-se em mantê-la viva. Quando não me der mais o necessário, isso significa que a obra já não lhe servirá. Eu rezo, mas não peço a ninguém interferência pessoal.* A verdade é que jamais faltaram recursos materiais ou espirituais para essa missionária. Quando tudo parecia sem saída, algo de positivo sempre acontecia revertendo a situação.

Quanto ao médico dos pobres, a situação não foi diferente. Testado em todas as suas forças, pobreza, cansaço, abandono dos amigos, muitas vezes se viu em plena solidão sem ter com quem dividir a dor que o lancinava. Um certo dia em que lhe faltava o dinheiro para pagar o aluguel da modesta casa em que vivia e para suprir as necessidades básicas de alimentação e locomoção, deitou-se em velha rede, rogando aos céus inspiração para solucionar o caso. Nessa ocasião, um desconhecido lhe bateu à porta e ajustou com ele um "pacote" de aulas, pagando antecipadamente e generosamente pelo serviço a ser prestado. Esse desconhecido jamais voltou para receber as lições das quais, segundo ele, carecia.

Mesmo desencarnado, o abnegado médico nunca deixou de clinicar, atendendo a todos com a sua habitual solicitude. Conta-nos ele próprio através da mediunidade de Yvonne Pereira, o seguinte fato: *Encontrava-me em certa reunião mui solene do Espaço, durante a qual se prestava culto ao Criador, com os pensamentos conjugados em preces e os corações dilatados em haustos de vibrações amorosas, em busca de Suas bênçãos protetoras a prol dos nossos Espíritos necessitados de inspiração para o desdobramento dos serviços que nos estavam afetos. De súbito, porém, quando mais dúlcida era a minha elevação mental no enternecimento da oração, definiu-se em meu ser um estremecimento forte, como se vigoroso contato elétrico comunicasse às minhas sutilezas de compreensão uma ordem provinda de superiores camadas hierárquicas, e um doce murmúrio, mavioso como o alento de almas santas em orações augustas ao Deus de Amor e de Bondade, sussurrou à minha mente muita atenta: - Na rua de S... n.º 3, Cidade XXX, no Estado do Rio de Janeiro, alguém se debate em desesperações para o momento sacrossanto da Maternidade... Será necessário socorrê-la para que não sucumba antes da época prevista pela Lei, porquanto, sucumbir agora absolutamente não convirá aos interesses espirituais.* (Dramas da Obsessão – Yvonne Pereira)

    Este pedido, feito pelo próprio Antônio de Pádua, mentor espiritual que, na qualidade de auxiliar de Jesus, vela pelos desvalidos, foi prontamente atendido pelo médico dos pobres. O episódio confirma o alto conceito espiritual de Bezerra de Menezes junto àqueles que, em nome de Jesus utilizam-se da caridade para aliviar as abundantes dores que castigam os corações humanos.

    Por algumas vezes tenho assistido ao desempenho desse grande mentor de almas em auxílio a obstinados sofredores, vítimas e algozes envolvidos em obsessões severas. Nas reuniões de desobsessão as quais dirijo, posso afirmar que, por mais endurecido que seja o Espírito, o seu amor o atinge de tal forma e de diferentes maneiras que provoca sono, silêncio, lágrimas, arrependimento, renúncia, remorso, dentre outros sentimentos positivos. Criminosos são tratados como filhos, abraçados, esvaziados em seu ódio, acalmados em seus corações. Quando a obsessão é muito grave e o drama se desenrola sem perspectiva de epílogo através dos diálogos com o doutrinador, o seu amor chega de mansinho e envolve a todos removendo as barreiras da incompreensão e do ódio. Tal fato não ocorre por merecimento do doutrinador, do Centro Espírita ou dos litigantes, mas devido ao pedido de pais, avós, a preces a ele dirigidas e ao imenso amor que o faz voltar-se para qualquer casebre ou mansão onde seus serviços sejam necessários.

Sua equipe é numerosa e muitos são os que agem em seu nome, autorizados por ele. Daí escutarmos relatos de Centros Espíritas de todo o Brasil dando conta da sua atuação ao mesmo dia e hora, em diferentes locais, como se ele tivesse o dom da ubiqüidade. Onde fustiga uma dor, a depender do merecimento de quem a sente, logo surge o seu amor para envolvê-la em suaves emanações de alívio e de esperança. Essa tem sido a rotina desse grande apóstolo do bem no país que um dia será, o País do Evangelho.

Apesar de ser um Espírito já testado no bem e possuidor de méritos para, inclusive, deixar a Terra e reencarnar em outro planeta mais evoluído, esse benfeitor passou por provas acerbas que lhe exigiram enormes cotas de sacrifício e de renúncia. Um de seus filhos sofria de tenaz obsessão, que o alienava. Subjugado por um inimigo poderoso que se infiltrara sutilmente em sua intimidade perispiritual, foi transformado em escravo dependente da permuta de fluidos ocorrida entre ambos. A simbiose se instalara, fazendo com que a vítima permanecesse alheia à realidade. Isso apertava aquele coração de pai que sofria sem nada poder fazer em benefício do seu filho, a não ser orar.

Já freqüentando reuniões mediúnicas, Bezerra conversou com o inimigo do seu filho: *Eu não te quero mal. Sei que tudo ocorre com a permissão de Deus. Mas te peço! Deixa meu filho. Ele já sofreu demais! Seja qual for o mal que te tenha* feito, perdoa. Atende ao pedido de um pai aflito. Busca as reservas de amor do teu coração e perdoa.

— O senhor não sabe o que está pedindo e o quanto me dói ouvir essas palavras. O senhor não sabe quanto o admiro e o quanto gostaria de evitar isso.

— Então perdoa! Ele já não me reconhece mais. Não pode se defender e isso despedaça meu coração de pai. Tu que poderias ser meu filho, perdoa.

— O senhor não sabe o quanto esse pedido me faz sofrer. O meu afastamento dele significará a sua morte. Se quer mesmo ver seu filho pela última vez, corra. Pode ser que o encontre ainda com vida.

Bezerra corre até sua casa, e a esposa*, vendo-o chegar aflito, abraça-o em lágrimas: Você não pode imaginar o que aconteceu. Nosso filho abriu os olhos e, reconhecendo-me, indagou: Onde está o meu pai? Em seguida faleceu.

A vida de todo missionário neste mundo é repleta de lutas e dores. Ninguém passa por uma praça de guerra sem o incômodo da batalha. Dos Espíritos fortes e valorosos são exigidos os maiores esforços, pois são justamente eles que possuem os méritos já conquistados e consolidados através de pungentes sacrifícios. Deus não entrega uma missão a um Espírito fraco que a Ele retorne com uma derrota. Escolhe generais habilitados e treinados para que, apesar de todo contratempo, continuem firmes no bom combate.

Bezerra foi encaminhado ao Brasil para dar o testemunho da caridade, impulsionar o Espiritismo imprimindo um salto qualitativo na fé brasileira. Mas não somente para isso. Também para dar o exemplo de político digno e honesto, de médico honrado e humanitário, de cidadão fraterno e atuante no bem-estar da comunidade em que vivia.

---

* Bezerra de Menezes casou 2 vezes. A primeira com dona Cândida de Lacerda, desencarnada em outubro de 1863; a segunda, com dona Cândida Augusta de Lacerda, irmã de sua primeira mulher com quem teve sete filhos.

Como espírita, empenhou-se em unir as correntes que se digladiavam, entendendo ser o verdadeiro objetivo do Espiritismo, a reforma moral dos seus seguidores. Assim apelava aos místicos e aos aferrados à ciência, aos Kardecistas e aos Rustanguistas para se unirem em torno dos ideais descritos na obra de Allan Kardec, da qual dava exemplos constantes. Apelava para que todos colocassem em prática os ensinamentos do Consolador, pois a lavoura era imensa e poucos os trabalhadores.

Como é normal na Terra, morto o homem, carente o meio em que ele vivia pela ausência do trabalho que realizava, descobre-se que o mundo perdeu um grande trabalhador. Só então o incenso é queimado e os discursos de agradecimento são inflamados. Todavia, poucos tratam de honrá-lo, continuando sua obra.

Bezerra de Menezes é um Espírito sábio e iluminado que, por amor aos sofredores, permanece entre nós amenizando nossas dores. É um Espírito que se sente honrado em testemunhar o grande amor que Jesus tem por nós, espalhando ele mesmo, seu servidor fiel, esse amor que redime e acalma as fibras doloridas da alma.

Embora ele nunca tenha reclamado um obrigado por tanto que nos tem feito, o mínimo que podemos desejar é que Deus o cubra de amor, da mesma forma como somos envolvidos pela sua compaixão.

A prática da não-violência (Gandhi)

Jesus tornou lei a doçura, a moderação, a mansuetude, a afabilidade e a paciência.
(ESE – Cap. IX, Item 4)

A frase que serve de título a este artigo era o argumento utilizado por Gandhi para incentivar os indianos a não praticarem violência contra seus agressores ingleses. A Inglaterra parasitava a Índia roubando-lhe os bens e a dignidade do povo, obrigado-a a comprar produtos que eram seus por direito, como o sal que brotava generoso do seu grande mar azul.

Gandhi conhecera o Evangelho de Jesus na própria Inglaterra onde fora cursar direito. Da leitura e meditação acerca do que lera sobre o Novo Testamento fez o seguinte comentário: *Se toda literatura espiritual da humanidade perecesse e só se salvasse o Sermão da Montanha, nada estaria perdido.*

Todavia, o Mahatma, grande alma, como ficou conhecido, não se tornou cristão. Aprendera que rótulos religiosos nada dizem da essência espiritual do ser, preferindo observar-lhe as obras, retrato fiel do estágio evolutivo de cada um.

Cansado de ver o seu país espoliado por uma nação estrangeira que a debilitava, iniciou uma resistência pacífica, orientando o povo a pôr em prática os seguintes ensinamentos: *Não praticar violência material a ninguém, matando ou ferindo; abster-se de qualquer violência verbal, não falando mal dos opressores britânicos; não permitir violência mental, pensando mal dos seus inimigos.*

Tal receita, difícil de seguir ou de engolir, era o seu método e, para aplicá-lo, ele precisava dar o exemplo a cada passo. Iniciou por escrever uma carta com robusta argumentação ao vice-rei da Inglaterra solicitando a revogação da lei injusta que obrigava os indianos a comprar o sal daquele país, mesmo tendo-o em abundância em seu quintal.

Não obtendo resposta, juntou-se a outros companheiros e começou a extrair o sal que lhes pertencia, após demoradas orações e meditações. Alguns dias depois, 50 mil indianos juntaram-se a ele, retirando o sal do mar e oferecendo-o gratuitamente a quem dele necessitasse. A fúria dos ingleses foi rápida e sem piedade. O velho Mahatma foi mandado para a cadeia como era o esperado. Isso se repetiria algumas vezes, pois fazia parte da estratégia do valoroso líder enfrentar o perigo, dar a própria vida se necessário, para mostrar que existia na Índia uma lei injusta a qual ceifava, sem nunca ter semeado. Assim agindo, ele atraía para o seu lado a simpatia dos ingleses justos, a confiança de seus conterrâneos, a curiosidade daqueles que, antes neutros, não se importavam com um país onde as vacas pastavam em paz.

Aquele homenzinho raquítico, sem alguns dentes, pés descalços, era um páreo duro para a Inglaterra. Esta, orgulhosa de sua cultura e de seus exércitos, sempre resolvia questões pela força das armas. Mas, como fazer com alguém desarmado, sem vontade de reagir, que orava pelos inimigos e era gentil para com os agressores? Certa feita, um dos representantes do exército inglês disse a Gandhi: *Eu não gosto de vossa gente e não estou com vontade alguma de vos fazer favores. Mas que fazer? Desejaria, por vezes, que recorrêsseis à violência, como os grevistas ingleses, e, neste caso, nós saberíamos imediatamente como libertar-nos de vós. Mas vós nem sequer estais com vontade de fazer mal aos vossos inimigos; quereis vencer unicamente pelo fato de tomardes sobre vós os sofrimentos e nunca transgredis os limites da vossa cordialidade e do vosso cavalheirismo, limite que vós mesmos marcastes. E é precisamente essa vossa atitude que nos torna inteiramente inermes diante de vós.*

Perguntado sobre onde ele aprendera aquela técnica de luta a que chamava de Ahimsa, gentilmente explicou: *Aprendi a lição da não-violência com a minha mulher, quando tentei fazê-la obedecer a minha vontade. A sua resistência determinada à minha vontade e a paciente resignação ao sofrimento que a minha estupidez lhe causava, foram, aos poucos, me deixando envergonhado de mim mesmo e me livraram da estupidez de pensar que eu viera ao mundo para dominá-la.*

A vida desse grande Espírito era de extrema simplicidade. Levantava às três horas da madrugada, e às quatro já estava com os amigos sentados em uma esteira, praticando a meditação da qual extraía energias vigorosas necessárias às lutas que empreendia. Metido em uma pedaço de pano de algodão conversava com líderes políticos, entrava em palácios, escrevia para personalidades importantes em respostas a conselhos que pediam e, no sentido inverso, juntava-se a voluntários para fazer limpeza com água e desinfetante em banheiros de habitações pobres. Nesse traje tão humilde, só não foi recebido pelo Papa por estar *inadequadamente* vestido.

Se alguém maldizia a permanência inglesa em sua terra, tentando justificar a prática da violência, que o olho por olho seria mais eficiente do que frases sobre a paz, Gandhi retrucava: *Olho por olho e o mundo acabará cego.*

Quando Albert Schweitzer disse não acreditar em heróis de ação, mas em heróis de renúncia e de sofrimento, lembrava que Gandhi não se tornou iluminado pelo que fez ao povo e sim, por aquilo que fez a si próprio, sacrificando-se por amor à liberdade e à justiça.

O *pigmeu* que ousou enfrentar a gigante Inglaterra era uma rocha que parecia inquebrável. Suportava todos os golpes, suavizando-os à maneira de barris de piche lançados em um lago de mel. Muitas vezes, a resposta que dava a uma agressão recebida era o silêncio. Não o silêncio culposo e covarde de quem tem medo ou se omite em responder ao ato traiçoeiro. Mas o silêncio que falava mais que o exército oponente.

Poucos entenderam a origem da sua força. Sempre que se recolhia, procurava a sintonia com os amigos espirituais que o guiavam, escutando a resposta para suas inquietações, em forma de uma voz interior, única, segundo ele, capaz de revelar a verdade. Essa foi uma disciplina que o grande líder se impôs, oração e vigilância, agir conforme a consciência, sua e universal, pois o homem precisa estar em paz consigo e com o mundo.

Toda literatura, que produziu através de cartas e de respostas às perguntas que lhe faziam, tem o perfume da paz que, todavia, não conseguiu concretizar, mesmo entre seus amigos: *Tendo atirado a espada para o lado, nada mais tenho senão a taça do amor para oferecer àqueles que a mim se opõem. É oferecendo-lhes essa taça que espero atraí-los para mim. Não posso pensar em inimizade permanente entre os homens, e, acreditando, como acredito, na teoria do renascimento, vivo na esperança de que, se não nesta existência, mas em alguma outra, poderei abrir os braços a toda a humanidade, num amplexo amigo.*

A grande alma da Índia, o homem que mostrou ao mundo a maneira cristã de guerrear, que enfrentou toda

O Amor está entre nós 65

sorte de sofrimento para alicerçar a paz, ao libertar o seu país, mandou colocar em sua bandeira uma roda de tear, símbolo do trabalho. Nada de espadas ou dragões, apenas uma roda de tear, dessas que ajudam a fabricar o pano humilde que cobre e agasalha a carne, templo do Espírito. Quando alguém lhe dava o mérito de uma vitória, ele o transferia para o povo. Se alguém apontava alguma falha na luta pela independência que empreendera, ele a atribuía a si. Todos deveriam ser tratados fraternalmente. Essa seria a nova lei da velha Índia. Por não concordar que os muçulmanos fossem assim distinguidos, um fanático o tirou do cenário material da terra.

Gandhi já contava 78 anos e orava com 500 pessoas quando Nathuran Vinayak Godse apagou a luz mais reluzente da Índia. As última palavras do velho mestre foram: *Ó meu Deus!*

Gandhi foi um exemplo de verdadeiro cristão, embora jamais se tenha declarado como tal. Era um cidadão universal, e assim agindo, não distinguia o homem pela raça, pela posse ou pela cor, amando a todos como realmente são, filhos de um mesmo Pai.

Seu sonho de fazer parte de uma nação livre e independente está longe de ser concluído, pois a violência ainda pinta de vermelho as brancas flores dos escassos jardins da Índia e de muitos países da Terra.

A doutrina da não-violência que gerou muita violência contra Gandhi e seus seguidores culminando com a maior delas, o seu assassinato, não é a aplicação da regra de ouro atribuída a Jesus de Nazaré. Este aconselhou: *Faze aos outros o que desejas que te façam.* Gandhi aplicou a regra de prata: *Não faças aos outros o que não desejas que te façam.* Analisadas com aprofundamento, vê-se que ambas são diferentes. A primeira é uma atitude dinâmica que culmina na prática do amor porque todos desejamos ser amados. A segunda apenas aconselha a não fazer aos outros o que gostaríamos que a nós não fizessem. Eu não gosto de ser esbofeteado, então não vou esbofetear ninguém e ponto final. Neste caso, todo bem de que eu gostaria para mim, eu não preciso fazer aos outros, amigos ou inimigos, apenas devo evitar fazer o de que não gosto para mim..

Jesus veio para nos dar a lição da paz e sentiu na pele o quanto somos íntimos da guerra. Kardec, para quem a guerra era necessária sob determinadas condições, indaga em *O Livro dos Espíritos* na pergunta 744: *Qual o objetivo da Providência, tornando a guerra necessária? – A liberdade e o progresso.*

Segundo os Espíritos que responderam a Kardec sobre assuntos vinculados à guerra, esta pode ser praticada com a finalidade de subjugar momentaneamente os povos, abatendo-os a fim de fazê-los atingir mais depressa a liberdade e o progresso, o que levaria, talvez, séculos, caso os oprimidos tratassem seus opressores com a regra de ouro.

Mesmo a caminho da plenitude do amor, sendo um Espírito de elevada hierarquia moral, título que certamente recusaria, não conseguiu neutralizar o ódio em sua terra. Todavia, seu exemplo correu o mundo, fez adeptos, firmou-se como lição para negociadores cuja regra é atirar primeiro e perguntar depois, frutificou nos corações que esperam a supremacia da verdade e aguardam o reinado da justiça.

Um dia, a grande alma da Índia estará de volta com novas lições. Assim como volta a primavera para suavizar os rigores do frio, Gandhi voltará a aquecer nossos corações.

É o que todos esperamos.

O defensor dos loucos
(Felipe Pinel)

A calma e a resignação, obtidas pela maneira de encarar a vida terrestre e pela fé no futuro, dão ao Espírito uma serenidade que é a melhor proteção contra a loucura e o suicídio
(ESE – Cap. V, Item 14)

A história da psiquiatria tem em Pinel o seu divisor de águas. Antes da sua atuação no cenário médico a prática imposta aos loucos era totalmente empírica, composta por sangrias, purgantes, correntes e açoites, colocando-os na condição de alijados da sociedade, feras perigosas cujas características humanas não mereciam o respeito devido.

Pinel introduziu no tratamento que ministrou em seus pacientes uma verdadeira revolução científica na qual a dignidade humana se sobressaía. Deu ao tratamento que prescreveu um cunho científico, abolindo velhos e ineficazes métodos que apenas torturavam os pacientes sem uma constatação de melhora; fez diagnósticos individuais, arquivos, agrupando os loucos por sintomas e tratando-os segundo lhe parecia ser a doença de cunho material ou espiritual.

Na França, como em outros países, os loucos eram considerados um peso inútil que a sociedade precisava carregar, nada devolvendo aos cidadãos em troca da *proteção* que recebiam. Não sendo uma parcela social produtiva, não atraíam investimentos, não estavam na lista de prioridades dos governos. Por tais motivos viviam em depósitos degradantes, sujeitos às mais cruéis humilhações.

A Salpetrière, o depósito de loucos da França, foi construído por ordem de Luís XII, para servir como depósito de munições a serviço do exército. Antes de seu término, já o rei o destinava a ser abrigo para mendigos, loucos, excluídos sociais que lá quisessem estacionar.

Tal depósito não dispunha de técnicos que selecionassem por doença ou por qualquer outro critério a sua clientela, convivendo todos na mais completa desarmonia, sendo comuns naquela hospedaria as brigas por espaço e por alimento. A situação ficou insustentável quando o governo mandou prender todas as prostitutas de Paris no já concorrido depósito, sem contar que, inimigos do rei, aqueles que discordavam publicamente da sua política, eram também ali encarcerados a fim de refletirem o quanto pode ser desagradável discordar da palavra real.

Um outro hospital para loucos, o Bicêtre, empregava em seu tratamento os métodos mais primitivos e desumanos, fato que nos leva a concluir que, caso algum paciente ingressasse ali com distúrbios mentais, a tendência era o agravamento da doença ou o óbito.

Os loucos eram acorrentados às paredes em posições incômodas que não lhes permitiam relaxar, não tinham direito a ver ou sentir o benefício da luz solar, viviam em celas infectas sem luz e com a mínima ventilação, não recebiam visitas, comiam como porcos desobedecendo às regras de higiene, sendo, portanto, vítimas de doenças outras ocasionadas pela situação de miséria em que se encontravam.

Nesse quadro caótico, surgiu Pinel, médico competente, mas discreto, refratário a festas e elogios, envergonhado ao se expor, lacônico quando se tratava de mostrar o enorme potencial de médico humanitário de que era dotado. Ligando-se a um grupo de cientistas, teve de imediato o talento reconhecido, sendo designado para tratar as tias do rei Luís XVI. Por sua excessiva timidez, as tais pacientes nobres que estavam sob seus cuidados logo desistiram de tê-lo como confessor e amigo, pois *nobres* senhoras necessitam de um pouco de conversa e de risadas para suportarem o severo peso da vida.

Mas quando uma missão está destinada a determinado homem ela o encontra, esconda-se ele no deserto ou nas esquecidas favelas. A história da vida de cada pessoa não é escrita apenas pelo livre-arbítrio. Algumas de suas páginas obedecem a um determinismo do qual não pode fugir. Foi assim que amigos o convidaram para dirigir ao que chamavam de hospital de loucos, o Bicêtre.

Ao assumir a direção do hospital, Pinel mudou radicalmente o seu cotidiano. Após obter de um dos chefes revolucionários a permissão para implementar as mudanças que julgava vitais, implodiu os velhos costumes e crenças ali reinantes. Fez questão de conversar com cada doente examinando-o cuidadosamente; estabeleceu para cada paciente um registro que facilitasse a melhor maneira de tratá-lo. A partir de então, passou a medicá-los segundo os sintomas identificados. De imediato proibiu os purgantes, as sangrias, as algemas, os maus tratos e a falta de higiene avançando séculos na humanização da relação médico-paciente e rompendo radicalmente com a fase primitiva e desumana no trato com os loucos. Nascia ali a moderna psiquiatria. E a caridade, prestes a se tornar um dos lemas do Espiritismo, hasteava a sua bandeira na pátria que o veria nascer.

Mas Pinel não teve a aprovação imediata de seus superiores para as mudanças que o tornaram famoso. A França, mergulhada nos ideais revolucionários que ceifaram centenas de vidas, sonhava com igualdade, liberdade e fraternidade, sem contudo, permiti-las aos loucos do Bicêtre. Pinel apelou para a Comuna, implorando-lhe a autorização para quebrar as correntes dos loucos. O célebre triunvirato composto por Robespierre, cognominado de "O Incorruptível", St. Just e Couthon não dispunha de tempo para recebê-lo.

Por várias vezes o libertador de loucos insistiu numa entrevista, sendo tratado por assessores com zombaria frente à justa argumentação de libertar seus pacientes das correntes e tratá-los com uma alimentação mais adequada: *Para que uma alimentação melhor? Eles nem sabem o que estão comendo! Se o cidadão quer mesmo saber, eles se comportam melhor quando não comem.*

Na sexta tentativa, Pinel viu-se frente a frente com Couthon, homem desconfiado, sempre na defensiva, que o advertiu: *Cidadão, há muito tempo o observamos e o consideramos suspeito. Sua idéia de libertar loucos é absurda e faria melhor deixando-os como estão, quietos e seguros. Pobre de você se me engana e se esconde inimigos do povo entre os seus loucos.*

Mas o médico era insistente e corajoso e acabou por convencer Couthon a visitá-lo na semana seguinte. Na data marcada, o representante da revolução estava a passear entre os corredores infectos do hospital, sentindo náuseas pela calamidade a que assistia. De repente, volta-se para o médico e pergunta: *Cidadão,o senhor é tão louco que deseja libertar essas feras que, em pouco tempo, podem tirar-lhe a vida?*

— Meu pensamento é que estes doentes agem assim porque lhes faltam ar fresco e liberdade. Eles não são feras traiçoeiras. O senhor também agiria como eles se fosse acorrentado e maltratado.

— Pois bem, cidadão. O senhor tem a permissão da revolução para libertá-los. Temo, porém, que seja vítima das suas próprias convicções.

O primeiro a ser libertado foi um capitão inglês aprisionado há 40 anos. Esse homem atacava quem se aproximasse da cela e já matara um guarda em um dos seus acessos de fúria. O médico aproxima-se dele e pergunta: *Capitão, se você me prometer não atacar ninguém, eu tirarei suas correntes e lhe darei liberdade.* O homem *rosnou* algo parecido com um "prometo" e o libertaram. Ele tentou caminhar e caiu. Após algumas tentativas para ficar ereto, cambaleou para fora da cela atingindo o pátio onde o sol o ofuscou. Durante alguns momentos sua vista tentou adaptar-se ao novo brilho, até que, olhando uma nesga de céu azul, exclamou: *Meu Deus! Como é belo!* A partir daquele dia, gradativamente, ele foi ganhando altivez no andar até que passou a ser visto correndo pelos pátios, voltando à noite para a cela, agora limpa e humanizada.

Após uma semana, Pinel já libertara mais de 50 presos. A fim de evitar que eles arranhassem ou agredissem os enfermeiros, vestia-os com uma espécie de camisa com longas mangas que desciam até a altura dos joelhos, providência tomada pelo sábio médico em defesa de todos.

A principal preocupação de Pinel era a humanização do tratamento, proporcionando aos loucos condições materiais e morais adequadas. Entrevistava a todos, anotava mudanças de comportamento formando um histórico de cada caso, dava alforria aos que, comprovadamente, atingiam a sanidade.

Foi também um inovador, ao adotar o que atualmente chamamos de psicodrama. Caso característico nesse sentido foi o de um homem que se dizia acusado de criminoso e condenado à morte. Este paciente estava certo de que os funcionários do hospital o haviam denunciado à Comuna e esperava ser preso e julgado a qualquer momento. Pinel, diante do fato, montou, com alguns amigos, uma peça, cujo cenário, era um tribunal e os atores formavam um júri comum, no qual simularam um julgamento para aquele *criminoso*.

— Sabemos que o senhor é inimigo da revolução e estamos aqui para julgá-lo.

— Inimigo da revolução sim, criminoso, não. (...)

Assim, julgado, o réu foi condenado a passar mais seis meses no hospital, devendo ser libertado ao final desta data.

Por causa da sua fama de médico humanitário, muitos o procuravam pedindo asilo entre os loucos a fim de se esconderem da perseguição que os revolucionários praticavam. Quando o hospital que dirigia era invadido por guardas à procura de fugitivos e os encontravam entre os loucos, o médico tinha sempre um diagnóstico para os perseguidos: *Estes homens estão loucos! A Revolução deve castigar os traidores e não os loucos.*

Entre os loucos sob a guarda de Pinel, muitos, segundo ele, não apresentavam nenhum problema cerebral. Tal afirmação era baseada no exame de cérebros de pacientes mortos. Isso o levou a conceituar a loucura segundo dois aspectos distintos: loucura com causa física, quando o cérebro mostrava uma substância deteriorada, e loucura com causa espiritual, quando o cérebro estava intacto. O dedicado médico estabelecia, assim, o conceito de que a loucura poderia ter causa física ou espiritual, exigindo, nos dois casos, tratamentos diferenciados.

Mais tarde, Bezerra de Menezes, conceituado médico brasileiro, em seu livro *A Loucura sob um Novo Prisma*, confirmaria a sua hipótese. Discorrendo sobre a obsessão, enfatiza Bezerra: *O Espírito maléfico explora habilmente a causa da perturbação da alma que quer esmagar, empresta-lhe cores mais tenebrosas, e destarte vai semeando a perdição. Sutilmente, insinua-se, disfarçado em amigo, e, quando se acha senhor da confiança, dá o assalto à fortaleza: subjuga a vontade de sua vítima, até fazer dela instrumento passivo da sua. Para chegar a esse resultado procura perturbar-lhe a razão, o que consegue por mil modos: ora aproveitando as afecções orgânicas, ora jogando com as afecções morais. Chegando ao ponto de ter completamente hipnotizado sua presa, fá-la passar por qualquer dessas inumeráveis variedades de perversão moral, que se dão em espetáculo entre os alienados. Sua sede está saciada; mas a sede de vingança mais se abrasa, quanto mais se sacia. O que o infeliz lhe fez, ele retribui-lhe no décuplo; porém, ainda quer mais, e, quanto mais o esmaga, mais trabalha por esmagá-lo, mesmo depois de tê-lo feito um louco. A este estado, a ciência chama de loucura, e o é; mas, a esta loucura o Espiritismo chama obsessão.*

Aprofundando o raciocínio iniciado por Pinel, Bezerra detalha baseado nos conhecimentos espirituais que detém a diferença entre os dois tipos de loucura: *É loucura, porque há efetivamente uma perturbação das faculdades mentais, mas não é a loucura por tal conhecida, porque esta depende da lesão orgânica do cérebro, e no caso não se dá semelhante coisa. (...) É curioso, dizemos, porque não se pode compreender como uma lesão orgânica e uma influência moral possam produzir o mesmo resultado. (...) A alma pensa, mas seu pensamento não pode utilizar-se do cérebro, senão imperfeitamente, por estar este truncado, alterado, em razão da barreira posta pelo obsessor, no empenho de produzir essa perturbação que se toma por loucura. Poderia (o obsessor) tolher toda a comunicação, mas seu intuito é fazer considerar louca sua vítima, e, pois perturba, mas não suprime a função. Temos, portanto, que tanto na loucura como na obsessão, o espírito é lúcido, e que, tanto num como noutro caso, o mal consiste na irregularidade da transmissão ou manifestação do pensamento.*

Pinel antecipou-se a Kardec nessa questão, embora aquele não tenha detalhado uma ação externa como causa da loucura, ou seja, o domínio mental de um Espírito sobre outro, subjugando-o e levando-o à loucura.

Allan Kardec em *O Evangelho Segundo o Espiritismo* luariza a questão, enfatizando como terapia das obsessões a reforma moral dos envolvidos e a ação da prece. Ao tomar a imperfeição moral como causa das enfermidades do corpo e da alma, Kardec retoma a linha pedagógica de Jesus, que atribuía ao pecado a causa das possessões que curava: *A obsessão é a ação persistente que um mau Espírito exerce sobre um indivíduo. Apresenta características muito diversas, desde a simples influência moral, sem sinais exteriores sensíveis, até a completa perturbação do organismo e das faculdades mentais.*

Por tantas e tão significativas razões, Pinel não poderia estar ausente de um livro que lembra o amor que alguns Espíritos dedicam a um indivíduo em particular, a uma parcela de excluídos ou, caso mais meritório, a todos sem distinção. É o amor uma força construtiva poderosa capaz de mudar e fazer mudar situações adversas em qualquer tempo e lugar. Muitos foram os missionários que vieram a este mundo, atuando em todas as áreas do conhecimento, da ciência, da filosofia, da arte e da religião, deixando vigorosas sementes que ainda hoje germinam no árido solo do planeta. Todavia, aqueles que a tudo renunciaram e a tudo enfrentaram por amor a seus irmãos, notadamente seus irmãos mais necessitados, são os verdadeiros heróis da abnegação.

Pinel está entre eles. Com todas as honras e méritos será sempre o libertador de loucos, recolocando-os na condição humana, por amor à humanidade.

O brilho intenso da humildade (Chico Xavier)

Espiritismo, doutrina consoladora e benigna, felizes os que te conhecem e aproveitam os salutares ensinamentos dos Espíritos do Senhor!
(ESE – Cap. X, Item 18)

Chico Xavier, espécie de guardião da humildade no campo espírita, foi o maior divulgador dessa doutrina em todo o mundo, após Kardec. Se a maior caridade que se faz a uma pessoa, no dizer de alguns Espíritos, é torná-la conhecedora dos ensinamentos espiritistas, ou seja, dar-lhe esclarecimentos sobre questões que a atormentam, tais como, de onde veio, o que faz aqui e para onde irá após o desencarne; torná-la consciente de que é objeto da bondade divina e de que tem seu livre-arbítrio respeitado, de que reencontrará os seres amados e voltará ao cenário terreno em outras tarefas; fazê-la entender a razão das dores humanas, que cada um constrói a sua evolução através do amor e do conhecimento, torná-la, enfim, herdeira de um roteiro de vida capaz de fazê-la feliz e apta a construir a sua paz interior, então Chico Xavier foi também o guardião da caridade no Brasil.

A Doutrina Espírita é um referencial de vida seguro no encaminhamento dos Espíritos, encarnados e desencarnados, para o reino de Deus, pois assenta-se sobre o amor a Ele e ao próximo. E nesse particular, a mais concreta demonstração prática de toda a teoria espírita no território brasileiro foi dada por Chico Xavier.

Considerado o mais eficiente paranormal do planeta, Chico iniciou, quando criança, o intercâmbio com os chamados mortos. Certa feita, no grupo escolar onde cursava o primário, ao iniciar uma redação, notou que um Espírito lhe ditava o que escrever. Denunciando o fato à sua professora, esta o aconselhou a voltar à carteira e não fazer alarde do fato, pois deveria estar ouvindo o seu próprio pensamento. Todavia, Chico copiou o que o Espírito lhe dizia, sendo distinguido com *Menção Honrosa* pelo texto.

Iniciava, com este episódio, a mais monumental obra literária já realizada através de um homem, pois, além dos mais de 400 livros sobre os mais diversificados assuntos, escreveu também milhares de cartas e de mensagens da espiritualidade, levando consolo e cultura para milhões de pessoas.

Chico começou a freqüentar o Centro Espírita Luiz Gonzaga, psicografando no dia 8 de julho de 1927, dezessete páginas contendo explicações de trechos de *O Evangelho Segundo o Espiritismo*. A partir de então, seu lápis jamais teve descanso e as pessoas carentes de notícias de seus mortos não mais o deixaram repousar.

Em 1931, quatro anos após o início dos seus trabalhos mediúnicos, quando Chico já completara 21 anos de idade, Emmanuel, seu guia espiritual, passa a orientá-lo mais ostensivamente, iniciando suas lições com a seguinte advertência: *Se algum dia eu lhe disser algo contrário aos ensinamentos de Jesus e de Kardec, esqueça o que eu disse.* Durante

a vida de Chico Xavier, a partir daquele momento, Emmanuel estaria a seu lado amparando-o e educando-o em todas as situações conflituosas pelas quais o médium passou. Além de orientador, Emmanuel era também excelente pesquisador e escritor, lançando, através das mãos de Chico, valiosas obras literárias de reconhecido valor histórico tais como: *Há 2000 anos (1939), 50 anos depois (1940), Paulo e Estêvão (1942), Renúncia (1943)* e *Ave Cristo* (*1953).*
Emmanuel foi o professor dedicado que sustentou a disciplina amorosa na mansa alma de Chico Xavier. Quando seu aluno optava por trabalhos que mais renderiam benefícios a ele que ao próximo era convidado para uma conversa esclarecedora, resultando disso uma mudança de atitude, fato que invertia o sentido dos rendimentos.

Não restam dúvidas de que Emmanuel supervisionava o trabalho psicográfico de Chico, desde a primeira edição do seu primeiro livro, o *Parnaso de Além-Túmulo* em 1932. Essa obra continha inicialmente 56 poesias de 14 afamados poetas, tendo atingido em edições posteriores 259 poesias de 56 poetas. Sobre ela manifestaram-se intelectuais com os seguintes comentários a respeito do médium: *Ele sozinho vale por toda uma literatura (Menotti Del Picchia). Ele pode ocupar quantas cadeiras quiser na Academia Brasileira de Letras (Monteiro Lobato). Se não admitirmos que o caso é milagroso, temos que levar o Chico Xavier à Academia Brasileira de Letras (Mário Donato).*

Após o *Parnaso,* Chico psicografou *Cartas de uma Morta,* obra ditada por sua mãe, Maria João de Deus, já desencarnada. Seguiram-se obras de Espíritos diversos, Humberto de Campos, Emmanuel, Casimiro Cunha, Neio Lúcio, dentre outros

André Luiz, pseudônimo utilizado por um médico brasileiro que não quis se identificar, escreveu pelas mãos de Chico valiosa obra que aprofunda os ensinamentos espíritas e detalha o cotidiano das grandes colônias espirituais. Em 1944, é editado o livro *Nosso Lar*, iniciando uma coleção de mais de uma dezena de livros que muito ajudaria aos estudantes espíritas nos campos da mediunidade, obsessão, desobsessão, doutrinação, perispírito, reencarnação e outros temas não muito detalhados por Kardec.

Por sua imensa contribuição ao Espiritismo algumas pessoas quiseram ligá-lo à figura de Allan Kardec, supondo-o sua reencarnação. Respondendo a esta pergunta, (se seria Allan Kardec reencarnado), comunica ao Jornal "Diário da Manhã", de Goiânia, a sua opinião a respeito: *Não sou. Consulto a minha vida psicológica, as minhas tendências. Tudo aquilo que tenho dentro do meu coração é eu. Não tenho nenhuma semelhança com aquele homem corajoso e forte que em 12 anos deixou 18 livros maravilhosos. Acho que o exemplo de trabalho dele é tão grande, que devia comover mesmo os não espíritas, porque os 12 volumes da Revista Espírita eram todos escritos por ele, fora os livros clássicos do Espiritismo. De maneira que ele exerce realmente sobre mim uma influência muito grande. Não por ele, porque não o conheci, mas pelas idéias que deixou gravadas. Acho extraordinário como um homem trabalhou tanto, durante 16 anos, pois ele começou em 1853, mas desencarnou em 1869, e deixou uma bagagem imensa que a cada dia fica mais atual. É interessante: A cada dia mais atual. A verdade é como um diamante: não se quebra.*

A obra social realizada por esse homem simples é avultada e generosa. Jamais ficou com um só centavo dos direitos autorais das obras que psicografou, doando-os integralmente para o exercício da caridade junto a pessoas necessitadas. Toda a sua vida foi um ato de doação de si mesmo, apesar de ter a saúde debilitada e sentir fortes dores oriundas das deficiências físicas que sofria. Mesmo com tantas limitações atendia a todos até alta madrugada, pois sentia-se na obrigação de dar de graça aquilo que de graça recebera, os frutos dos seus dons mediúnicos

O Amor está entre nós

Retiramos de uma entrevista dada por Chico à repórter Tereza Goulart, da revista Manchete, N.º 1572 de 05/06/1982, as seguintes respostas que tão bem dizem da sua personalidade: *Seria como perguntar ao capim se ele tem sucessor. Capim é assim mesmo: morre um, nasce outro. Este é o meu caso. Considero-me abaixo do capim, pois este pelo menos serve ao boi, enquanto que eu ainda nem fui para o silo, onde então vou servir mais (sobre a humildade).*

— Certa vez, tendo ficado quatro dias com uma hemorragia no olho esquerdo, que quase não funciona, recebi a visita de Emmanuel. Ele chegou ao meu quarto e disse: Que é isso, vamos trabalhar! Ter dois olhos é luxo, você tem o outro em boas condições. Levantei-me depressa e fui trabalhar (sobre a disciplina).

— São mães solteiras, que admiro muito, porque não fizeram aborto, apesar dos companheiros terem se mandado, neste mundo de Deus. Elas trabalham e vêm a nós, que as consideramos nossa família. Se quiserem, podem todas registrar seus filhos no meu nome. (E brinca). Quando eu morrer, vou passar à história como um verdadeiro marajá. As mães não abandonam nunca. Caso de mãe delinqüente é doença. Temos que analisar os temas sociais com espírito mais humanitário (bom humor).

— Encontro nos nossos amigos internados na Santa Maria (hansenianos) companheiros muito felizes, alegres, animados de uma esperança cada vez maior, e venho aqui sempre buscar essa alegria e essa paz que eles sabem distribuir. Apareço na Colônia como necessitado dessa coragem (habilidade para inverter situações).

— Acreditamos que o Criador nos fez ricos a todos, sem exceção, porque a riqueza autêntica a nosso ver, procede do trabalho e todos nós, de uma forma ou de outra, podemos trabalhar e servir. Quanto à felicidade, cremos que ela nasce na paz da consciência tranqüila pelo dever cumprido e cresce, no íntimo de cada pessoa, à medida que ela procura fazer a felicidade dos outros, sem pedir felicidade para si própria (receita de vida).

Poderíamos preencher este volume com as milhares de ações caridosas de Chico Xavier, todavia, o que nos move é mostrá-lo como uma prova de que o amor existe e está entre nós, seja na figura de um amigo, de um familiar, de um estranho que nos traz lições de coragem e de esperança.

Nesse particular, Chico foi insuperável. Milhares de pessoas receberam dele notícias de seus mortos, agasalho para seus corpos, pão para sua fome, fortaleza para seus espíritos. Jamais o viram mal-humorado, pessimista ou comentando situações desagradáveis acerca de qualquer pessoa. Sentia imensa piedade pelos sofredores e a eles dedicava seus melhores esforços.

Como homem de bem, trabalhador a serviço da caridade vivendo em meio a enfermos e a necessitados, Chico sofreu assédio implacável, esgotando aos poucos as suas reservas vitais doando-se incansavelmente. Aqueles que esperavam dele a réstia de luz que lhes aplacaria a angústia o cercavam sem se importar se as suas forças físicas resistiriam a tanto esforço. Noites e noites psicografando durante horas e filas de pessoas à procura de alguma notícia de um filho, de uma esposa, de uma neta mortos. Outra não era a rotina desse médium aparentemente frágil mas, na verdade, um farol a refletir a luz dos mentores espirituais no grande cenário das provações humanas.

Suas mensagens trouxeram alívio e esperança a milhares de corações sofridos, despertaram a fé nos vacilantes, deram uma razão de viver aos descrentes na felicidade e sopraram o ânimo e a coragem para recomeçar a tarefa em muitos, quando tudo lhes parecia perdido. Mesmo assim foi agredido fisicamente por pessoas perturbadas que exigiam dele prioridade em suas questões, processado por psicografar obras de um autor famoso já falecido, preso ao ser confundido com malfeitor, e vítima de muitos inimigos gratuitos, sendo que alguns, pelo tratamento amoroso que tiveram da parte dele, se tornaram seus grandes amigos.

Na condição de médium, Chico captou palavras e imagens do outro lado da vida até que este o requisitou para trabalhar pela população encarnada, agora na condição de desencarnado. Todavia, seu exemplo de médium, de trabalhador incansável a favor do Bem, de ser humano iluminado sempre disposto a dar o melhor de si, sem exigir qualquer retribuição, ficaram gravados em nossos corações para sempre.

Aquele coração cheio de amor que aceitava a todos sem recriminá-los mas que continuava sendo ele mesmo, um praticante inveterado da caridade, esteja onde estiver continuará eternamente no meio de nós a nos impulsionar para a frente e para o alto.

A lição da perseverança
(Paulo de Tarso)

O dever é o resumo prático de todas as especulações morais; é uma bravura da alma que enfrenta as angústias da luta.
(ESE – Cap. XVII, Item 7)

Paulo de Tarso, o apóstolo dos gentios, foi criado e educado pela mais legítima arrogância farisaica, alcançando o posto de doutor da lei, do qual, os de sua classe, esperavam firme defesa das mais antigas tradições religiosas.

Aos trinta anos, esperando um cargo no Sinédrio, no seu entender, o ocupado por seu velho mestre e amigo Gamaliel, por ocasião do afastamento deste, o tribunal já lhe conferia especiais atribuições, desempenhadas com severidade devido ao exacerbado nacionalismo de que era dotado.

Enamorado de uma jovem chamada Abgail, definida por ele como *um terno coração de menina, dona dos mais belos predicados morais que pudessem exornar uma filha de sua raça, inteligente, versada na Lei e, sobretudo, dócil e carinhosa,* era seu sonho casar-se com ela, sem saber que o destino, já naquele instante, o aproximava de Estêvão, irmão da jovem, de quem fora separado em dolorosa situação vivida em Corinto.

A vida de Paulo foi terrivelmente marcada pela presença de Estêvão, a quem fez sua primeira vítima. A notícia de que este arrebanhava centenas de pessoas e muitos estudiosos da Lei aos novos princípios que pregava, a doutrina ensinada pelo nazareno que morrera na cruz, o enfureceu. Estêvão era excelente orador e através da sua palavra e de seus gestos absolutamente puros e voltados para a caridade junto ao próximo, promovia curas e conversões de muitos ouvintes, iniciando-os na Boa Nova que se espalhava, sobretudo, entre os sofredores. Seus discursos inflamados e inspirados na mais santa argumentação deixada pelo Cristo, tocavam fundo nos corações já cansados da hipocrisia dos escribas e dos fariseus, que pregavam um Deus vingativo a exigir fidelidade e santidade do povo, praticando eles, seus representantes, a corrupção e a vilania.

Eis algumas frases dos discursos de Estêvão, registradas por Emmanuel em sua magistral obra psicografada por Chico Xavier, *Paulo e Estêvão: Meus caros, eis que chegados são os tempos em que o Pastor vem reunir as ovelhas em torno do seu zelo sem limites. Éramos escravos das imposições pelos raciocínios, mas hoje somos livres pelo Evangelho do Cristo Jesus; acima de todas as cogitações humanas, fora de todos os atritos das ambições terrestres, seu reino de paz e luz esplende na consciência das almas redimidas; muitos de nossa raça hão esperado um príncipe dominador, que penetrasse em triunfo a cidade santa, com os troféus sangrentos de uma batalha de ruína e morte. Mas o Cristo nos libertou para sempre; seu reino é o da consciência reta e do coração purificado ao serviço de Deus. Suas portas constituem o maravilhoso caminho da redenção espiritual, abertos de par em par aos filhos de todas as nações; o Cristo é a substância da nossa liberdade. Dia virá em que o seu reino abrangerá os filhos do Oriente e do Ocidente, num amplexo de fraternidade e de luz. Então, compreenderemos que o Evangelho é a resposta de Deus aos nossos apelos, em face da Lei de Moisés. A lei é humana; o Evangelho é divino. Moisés é o condutor; o Cristo, Salvador. Os profetas foram mordomos fiéis; Jesus, porém, é o Senhor da vinha. Com a Lei éramos servos; com o Evangelho, somos filhos livres de um Pai amoroso e justo.*

Foi na igreja humilde de Jerusalém, que Paulo, sorrindo ironicamente de tudo quanto observava antes da palestra, surpreendeu-se diante da beleza e da lógica irretocáveis expostas nas palavras ali proferidas. Verificou de relance o desnível entre a Lei que defendia e o Evangelho que até então desconhecia. Mas para seu espírito resoluto e fiel, os argumentos de Estêvão feriam fundo a Lei, para ele, única. Suportar aquela ofensa e silenciar era um ato indigno segundo a sua consciência. Por isso mesmo, interrompendo o pregador, tentou estabelecer com ele um debate sobre a Lei, logo encerrado por Estêvão, obedecendo ao pensamento de Jesus quando aconselhara a seus discípulos evitar debates inúteis com o franco objetivo de medir forças e espalhar a discórdia.

Aquele incidente superara o limite de tolerância do seu orgulhoso Espírito. Estava contaminado pelo meio em que fora educado, alheio ao espírito da Lei, portando idéias cristalizadas e fixas à letra morta das quais precisaria se liberar para, só então, enxergar o óbvio que estava à sua frente. Foi nesse clima de indignação que ele recorreu ao Sinédrio para julgar e punir o insolente que ousara enfrentá-lo e sair-se bem numa contenda religiosa.

No dia do julgamento, pois Paulo queria dar uma lição aos seguidores da Boa Nova a qualquer custo, compareceu Estêvão para enfrentar o processo movido contra ele, o primeiro em torno das idéias deixadas por Jesus, e que o tornaria, oficialmente, o primeiro mártir do cristianismo nascente. As acusações que pesavam sobre ele eram as de blasfemo, caluniador e feiticeiro. Compareceu também ao triste espetáculo, Abgail, sua irmã, que dele se apartara por ocasião das perseguições em Corinto, cada um deles desconhecendo ali a presença amada do outro. Paulo queria honrá-la com a sua vitória diante daquele pregador destemido.

Diante das acusações feitas a Estêvão este se manteve firme em sua fé, enfatizando Jesus como o Salvador prometido. Proclamou jamais haver deixado de venerar a Lei de Moisés, mas tinha na Boa Nova o seu complemento. No mais, afirmou em bom tom que para o Cristo, Israel era a humanidade inteira, ferindo profundamente os presentes em dois pontos capitais: o intransigente nacionalismo que não lhes permitia confraternizar com bárbaros e gentios e o orgulho que sentiam por se julgarem a nação escolhida por Deus e conduzida por Moisés, este sim, maior que Jesus, tido como impostor pelo Sinédrio. Diante de tal fato, só restava imputar a Estêvão a condenação à morte através de pedradas.

A essa altura Paulo já iniciara suas perseguições aos cristãos. Enfurecido, magoado interiormente por advertências da sua consciência, cismado de que algo em seu proceder necessitava de reparo, agia como teleguiado por forças inferiores, contrárias ao esforço dos missionários de Jesus. Quando apedrejaram Estêvão, Abgail o reconheceu sendo tomada por imenso choque, fato que fez Paulo sentir-se confuso e envergonhado por ter causado tanta dor àquela criatura angelical. Seu sonho de felicidade no amor, formar uma família com a jovem, foi sepultado ali. Isso mais acirrou a sua vontade de extinguir tudo quanto lembrasse a figura execrável daquele galileu que arruinara a sua vida.

Em encontro posterior com Abgail, Paulo soube por intermédio dela que a calma que conquistara era fruto das lições de Jesus a ela ministradas. Que o conforto e a fortaleza espiritual para superar tão imensa dor tinham origem em lições a ela expostas por Ananias, um velho pregador a quem muito devia pela descoberta de tão consoladora doutrina. Morta Abgail, Paulo, após supliciar um jovem aluno de Ananias para obter dele a informação do seu paradeiro, parte para Damasco com a intenção de capturá-lo, encontrando Jesus a meio caminho: *Em dado instante, todavia, quando mal despertara das angustiosas cogitações, sente-se envolvido por luzes diferentes da tonalidade solar. Tem a impressão de que o ar se fende como uma cortina, sob pressão invisível e poderosa. (...) A confusão dos sentidos lhe tira a noção de equilíbrio e tomba do animal, ao desamparo, sobre a areia ardente. A visão, no entanto, parece dilatar-se ao infinito. Outra luz lhe banha os olhos deslumbrados, e no caminho, que a atmosfera rasgada lhe desvenda, vê surgir a figura de um homem de majestática beleza, dando-lhe a impressão de que descia do céu ao seu encontro. Sua túnica era feita de pontos luminosos, os cabelos tocavam nos ombros, à nazarena, os olhos magnéticos, imantados de simpatia e de amor, iluminando a fisionomia grave e terna, onde paira uma divina tristeza. (...)*

— Saulo! Saulo! Por que me persegues? (...)
— Quem sóis vós, Senhor? (...)
— Eu sou Jesus! (*Paulo e Estêvão* – Francisco Cândido Xavier)

A partir daquele instante, Paulo em choro convulsivo, compreendeu os relatos cristalinos de Estêvão e de Abgail. Em um segundo, analisou a profundidade do seu erro e o quanto havia falido na sua arrogante defesa da Lei. Tudo quanto havia combatido como mentira estava diante dele fazendo ruir suas convicções assentadas no farisaísmo. O olhar compassivo de Jesus lhe invadiu a alma onde o potencial de fidelidade mal orientada ajustou-se aos novos princípios religiosos que deveria defender. Tocado pelo magnetismo daquele olhar, jurou entregar-se a nova causa, até que seus dias findassem sobre a terra. Foi então que teve forças para balbuciar: *Senhor, que quereis que eu faça?*

A pergunta de Paulo bem demonstra a sua entrega total a partir daquela hora. Jesus o ordena ir à cidade e aguardar providências, sendo que estas se concretizaram através de Ananias, que lhe restitui a visão.

Desde esse dia Paulo mudou radicalmente de convicções. Foi interpretado como louco, traidor, fanático, sendo perseguido, humilhado e preso por defender com destemor a doutrina de Jesus. Para manter-se, trabalhava como tecelão, empregando as horas de folga em palestras e aconselhamentos arrebanhando pessoas para o Mestre de Nazaré. Após palestrar em uma cidade, fundando ali alguma igreja, desde que ela tivesse condições de continuar a luta que iniciara, partia em busca de novos adeptos. Nea-Pafos, Perge, Listra, Licaônia, Pisídia, Panfília, Antioquia, Chipre, ouviam-se notícias dele nos mais distantes recantos onde existisse alguém atento às palavras de Jesus. Se em Atenas a cultura grega inviabilizara a aceitação das verdades simples do Evangelho, em outros lugares a simplicidade a fazia florescer abundantemente. Passando por Corinto, Paulo visitou o sítio onde nascera Abgail e Estêvão e passou a receber emissários de igrejas que fundara tais como de Tessalonica, de Beréia, da Macedônia, de Chipre, de Jerusalém e de outros sítios onde a Doutrina já frutificava. Impossibilitado de estar nos diversos lugares onde sua presença era exigida, começou a enviar cartas com orientações às igrejas que o buscavam, solicitando-lhe aprofundamentos.

Em sua fala em Corinto, ao estabelecer paralelos entre a Lei e o Evangelho, formou- se enorme descontentamento entre os judeus devido ao fato de estes não aceitarem a superioridade de Jesus em relação a Moisés, como entendiam estar querendo impor o palestrante. Ao escutar de um dos presentes que não queriam saber do salvador que morrera na cruz como um cão, Paulo respondeu: *Até agora, em Corinto, procurei dizer a verdade ao povo escolhido por*

Deus para o sagrado depósito da unidade divina; mas, se não a aceitais desde hoje, procurarei os gentios!

A partir de então, Paulo formou o projeto de ir a Roma pregar o Evangelho. Mas antes foi a Jerusalém onde os judeus o agrediram fortemente. Desertor, traidor, morte ao infiel, foi o que de menos disseram. Sob saraivadas de insultos, ali na terra em que mandara matar Estêvão, é preso e humilhado. No dia do julgamento o apedrejaram no peito, no rosto, nos braços, como acontecera a Estêvão, mas a tudo resistiu pacificamente. Quando sua morte parecia inevitável, um destacamento romano invadiu o pátio e o arrebatou, levando-o prisioneiro. Solicita então, ao chefe romano que o julgara perigoso ladrão, dada a fúria com que foi tratado, que lhe permitisse falar para o povo. Notando-lhe a inflexão em puro grego e sabendo tratar-se o desconhecido de um cidadão de Tarso, concedeu a realização do seu desejo. Ao discursar, contou sobre sua vida, suas lutas, sua conversão àquele Cristo que o requisitara para o abençoado trabalho de pescador de almas. Os romanos reforçaram o isolamento, mas a gritaria foi tamanha que tiveram que retirar incontinente o apóstolo, entregando-o ao Sinédrio a que, segundo os judeus, insultara com seus gestos. Isso provocou grande júbilo nos que se sentiram traídos por ele. Novamente açoitado, acusado de traidor de Moisés, deixou que todo o seu poder de oratória magnetizasse os presentes, ao mesmo tempo em que inflamava ainda mais o orgulho dos fariseus e dos saduceus. A assembléia se tornou uma praça de guerra e novamente os romanos interromperam o julgamento sendo este marcado para três dias depois. Na marcha e contra-marcha dessa queda de braço entre o governador e os israelitas, Paulo ficou preso dois anos, aproveitados na difusão da Boa Nova através de visitas que recebia. Com a mudança de governador, imediatamente o Sinédrio solicitou a restituição do seu pior inimigo, fazendo planos secretos de concretizar uma vingança ansiosamente esperada, ou seja, crucificá-lo tal qual fizeram a Jesus.

Em novo julgamento, devido a seu título de cidadão romano, Paulo é enviado para a capital do império. Nesta cidade reinava Nero, o imperador implacável que passou à história como perseguidor dos cristãos e incendiário de Roma. Paulo, mesmo algemado, durante a sua permanência na cadeia ensinou aos companheiros de cela a Doutrina que tanto amava. Mais dois anos passara em esclarecimentos a emissários de várias igrejas que ajudara a fundar.

Um dia lhe trouxeram uma importante personalidade política que havia ficado cego por força de misteriosa doença. Paulo impôs sobre ele suas mãos, voltando o homem a enxergar novamente. Agradecido, empregou todos os esforços para libertá-lo e conseguiu, o que revitalizou as perseguidas igrejas romanas ao novamente poderem escutar a voz vibrante e inspirada do apóstolo. Com o incêndio de Roma e a culpa colocada sobre os cristãos, a perseguição recrudesceu dando margem a numerosas carnificinas. Nero, fingindo conceder o perdão ao apóstolo, manda secretamente vigiá-lo, prendê-lo e, por fim, matá-lo.

— *Lastimo ter sido designado para este feito e intimamente não posso deixar de lamentar-vos...*

— Não sou digno de lástima. Tendes antes compaixão de vós mesmo, porquanto morro cumprindo deveres sagrados, em função da vida eterna; enquanto que vós ainda não podeis fugir às obrigações grosseiras da vida transitória. Chorai por vós, sim, porque eu partirei buscando o Senhor da Paz e da Verdade, que dá vida ao mundo; ao passo que vós, terminada vossa tarefa de sangue, tereis de volta a hedionda convivência dos mandantes de crimes tenebrosos da vossa época. (*Paulo e Estêvão* – Francisco Cândido Xavier).

Quando o soldado deu tremendo golpe de espada na garganta de Paulo, quase decepando-lhe a cabeça, este sentiu-se fora do corpo, sob árvore acolhedora, tentando levantar-se e reconhecendo-se novamente cego. Foi então que sacudiu qualquer pessimismo e refletiu: **Um homem deve servir a Deus mesmo tateando em densas trevas.**

Só então, novamente, Ananias veio lhe restituir a visão.

Posteriormente, por ocasião do advento do Espiritismo, Paulo de Tarso participou da equipe comandada pelo Espírito de Verdade, com importantes advertências tais como: *Perdoar aos inimigos é pedir perdão para si mesmo; o verdadeiro perdão, o perdão cristão, é aquele que deita um véu sobre o passado*, ambas exposta em O Evangelho Segundo o Espiritismo.

Ao levar a mensagem evangélica (apesar das enormes barreiras que lhe opuseram), para grande parte do mundo conhecido e habitado, Paulo foi um exemplo de perseverança e de ânimo forte. Fez o bom combate, semeou no solo, pelo qual passou, as melhores sementes. Somos todos devedores de sua coragem e de sua fidelidade a Jesus. Somos todos, devedores do seu amor para com a causa que ainda relutamos em defender devido a nossa imensa fragilidade.

Que seu exemplo possa incentivar-nos ao quinhão de honestidade sempre crescente e, com o qual devemos tratar tudo a nossa volta.

O respeito pela vida
(Albert Schweitzer)

A beneficência, meus amigos, dar-vos-á neste mundo os mais puros e doces prazeres, as alegrias do coração, que não são perturbadas nem pelo remorso nem pela indiferença (ESE – Cap. XIII, Item 11)

O Dr. Albert Schweitzer era, enquanto encarnado, e muito mais deve sê-lo como desencarnado, um Espírito profundamente sensível ao sofrimento dos seus irmãos. O grande doutor ou feiticeiro branco, como era chamado na África, nasceu na Alsácia (Alemanha), e de lá saiu, para criar um dos mais famosos empreendimentos missionários do planeta, o Hospital da Selva, em plena mata africana.

A lista de atividades e de realizações desse missionário impressiona pela sua diversidade e quantidade, com destaque para a Teologia, a Filosofia, a Música e a Medicina. Além de pastor, como escritor, escreveu uma série de livros na área dos estudos bíblicos e evangélicos, inclusive, um deles sobre Jesus Cristo.

No campo da música, destacou-se como autoridade

mundial na construção de órgãos, bem como organista de renome na Europa, principalmente na execução das obras de Johann Sebastian Bach. Além desse talento nato para a música, Schweitzer praticava muito bem os ofícios de carpinteiro, pedreiro, veterinário, construtor de barcos, dentista, desenhista, mecânico, farmacêutico, jardineiro, dentre outros.

Os trinta primeiros anos de sua vida foram dedicados ao aprendizado filosófico, capacitando-se com sólida cultura, prometendo a si mesmo devotar sua vida, dali para diante, a serviço da humanidade. Entendia, como os espíritas, que o Espírito necessita de duas possantes asas para alçar o grande vôo da evolução capacitando-o a adentrar o reino de paz prometido por Jesus aos seus seguidores sinceros: o amor e a instrução.

Esse sonho, o de se tornar instrumento útil nas mãos do Senhor, foi aos poucos sendo trabalhado em tentativas frustradas de auxiliar crianças abandonadas, famílias pobres, vagabundos e ex-presidiários. Certa manhã do ano de 1904, ao abrir uma revista da Sociedade Missionária de Paris e ver o artigo intitulado *As Necessidades da Missão do Congo*, enfatizando a falta de pessoas na Missão para levar avante a obra em Gabum, sentiu que aquela era a oportunidade que procurava. Eis o final do artigo: *A Igreja precisa de homens que respondam simplesmente ao aceno do Mestre com estas palavras: Senhor, ponho-me a caminho!* A sua busca estava terminada.

A pobreza, a miséria, a doença no continente africano eram chocantes, notadamente na área de assistência médica. Sensibilizado com a dor e o abandono dos negros, tomou a resolução de estudar medicina e, por oito anos, cursou a Universidade graduando-se em 1913, partindo de imediato com sua esposa Hélène, que também se diplomara enfermeira, para a África, com a missão específica de aliviar a imensa dor física e moral dos "esquecidos do mundo".

Chegando a Lambaréné, Schweitzer e Hélène, médico e enfermeira, marido e mulher, irmanados pelo ideal de servir a Deus através do amparo ao próximo, iniciam a construção de um hospital com suas próprias mãos, junto ao rio Ogowe, no antigo Gabão, África Francesa. O agora doutor, estava cansado de palavras e queria ação. Lambaréné era um dos lugares mais inacessíveis e mais primitivos de toda a África. O perigo de ataque de feras era constante e não havia nenhum médico disposto a enfrentar aquelas condições inóspitas.

Schweitzer obedecia, apesar da desaprovação dos amigos, que não quiseram acompanhá-lo, à voz interior que o incentivava a doar sua vida por amor aos desamparados.

Por 50 anos o grande doutor *tratou os africanos de moléstias variadas, da lepra à elefantíase, das verminoses à tuberculose. O* feiticeiro branco *foi a esperança que Deus enviou à África para suavizar o choro abafado dos negros.*

Os africanos de então comiam as pomadas destinadas a passar na pele, ingeriam o conteúdo de todo um frasco de remédio que deveria durar semanas, tentavam envenenar outros doentes, e muitos desconfiavam dele, afirmando que aquele branco invasor era um leopardo disfarçado que viera à África para tirar a vida dos doentes.

À exceção de certos períodos de ausência do hospital devido a viagens à Europa, onde fazia recitais e conferências arrecadando fundos e donativos para a sua obra humanitária, Schweitzer dedicou-se à sua missão de médico dos desamparados por toda a sua vida, tentando abafar a lepra e a doença do sono. Por seu esforço e dedicação, recebeu o Prêmio Nobel da Paz em 1952, quando já contava 78 anos de idade.

A selva, com seus roncos e rangidos, o recebeu com a ânsia de caridade que o sofrimento costuma induzir, jamais negando-lhe levas de doentes que, com bodes, galinhas, patos e até antílopes, lhe agradeciam, à sua maneira, demonstrando a gratidão que os simples tão bem sabem cultivar.

Poucos homens no mundo são capazes de renunciar a tudo, fama, dinheiro, conforto material, amigos, para se entregar à tarefa árdua e cansativa, mas de grande pacificação espiritual, que é o exercício do amor ao próximo sem interesse de retribuição.

Schweitzer amava ao próximo mais que a si mesmo, pois para si aceitava de bom grado qualquer sofrimento, exigindo para seus pacientes o máximo de conforto que um hospital na selva pudesse proporcionar. Este missionário escreveu no livro dos que amam a vida, uma das mais belas páginas relacionadas com o alívio do sofrimento físico-espiritual de um povo sem recursos e sem amparo. Seu bisturi afiado não cortava apenas a carne negra e escravizada, fazia também raspagens e sulcos na impiedade das nações "civilizadas", pelo exemplo que outras pessoas seguiam em proporções menores.

Ele e a sua equipe mostraram ao mundo que o sangue dos negros e dos brancos tem a mesma constituição, e que por baixo da pele há um Espírito, este sim, mais ou menos puro, conforme seu grau de compaixão.

A vida, para Schweitzer, o maior investimento de Deus na Terra, deve ser alvo de todos os cuidados e objeto de todos os esforços visando a sua conservação. Aquele que quiser salvar a sua vida, perdê-la-á. E aquele que perder a sua vida por amor a Deus, a conservará.

Poucos compreenderam tão bem o verdadeiro espírito da caridade, a doação de si mesmo, como esse missionário de Jesus. As feridas da África, de cicatrização demorada devido ao desamor das nações modernas, já não doíam tanto após a sua chegada. Aquele gesto de legítimo amor aos sofredores mostrou ao mundo que rótulos doutrinários não fazem santos. Eles surgem de qualquer meio e vão a qualquer lugar onde suas presenças sejam requisitadas.

Schweitzer era protestante, Madre Teresa era católica, Chico Xavier era espírita. Os três falavam o mesmo idioma, a caridade, tinham o mesmo mestre, Jesus, tratavam a todos com o mesmo sentimento, o amor. Na selva expôs ele o verdadeiro sentido da religião, o referencial pelo qual todos devem se deixar guiar: o respeito pela vida.

A vida, para este grande médico, é o que de mais precioso Deus colocou sobre a Terra. Conseqüentemente, tudo que lhe oferece obstáculo deve ser removido em benefício do seu desenvolvimento. Através desse raciocínio, entendia ele que qualquer infortúnio que pesasse sobre a vida necessitava de combate por não ser obra de Deus. A dor, a miséria, a fome, qualquer sinal de corrupção, enfim, estão fadados a desaparecer por serem obras humanas. Deus fez a vida e a sua obra é indestrutível.

A vida desse médico foi colocada a serviço do engrandecimento de outras vidas, consoante a sua obstinação de erradicar feridas. Sua alma fiel ministrou lições de legítima fraternidade diante da indiferença do mundo, espalhando o irresistível aroma da caridade nos locais onde o sofrimento atingia proporções superlativas.

Algumas imagens materiais podem lembrar com fidelidade o seu trabalho: a primavera, quando se está no fogaréu; um oásis, quando se tem sede; uma lareira, quando se tem frio; o pão, quando se tem fome. Portanto, saibam aqueles que proclamam que vivemos dias piores a cada inverno, negando assim a lei de evolução, que existem nos mais variados rincões planetários homens e mulheres cujo amor extremado cobre milhares de andrajos, estanca centenas de sangrias, enxuga milhões de lágrimas com palavras e gestos angelicais.

Se eu tivesse como citar os nomes de criaturas cujos exemplos de amor não conseguiram repercussão além de seus bairros ou de suas favelas, milhares de páginas poderiam ser escritas. Talvez não testemunhassem com tanta ênfase como os aqui expostos. Todavia, elas existem. São anjos anônimos que andam ao nosso lado, esperando uma oportunidade de fazer expandir o imenso carinho que guardam.

Não desanimemos. O amor sempre esteve entre nós.

A ciência para todos
(Marie Curie)

E aquele que tinha recebido cinco talentos, apresentou-lhe outros cinco dizendo-lhe: Senhor, puseste cinco talentos em minhas mãos, eis aqui, além daqueles, outros cinco que ganhei.
(ESE – Cap. XVI, Item 6)

  Marie foi da Polônia para a França, impulsionada pelo sonho de aprender Física na Sorbonne. Tímida no relacionamento com os colegas, austera no cumprimento de suas tarefas, disciplinada em seus estudos, essa jovem passava horas compenetrada em suas pesquisas, sem mesmo se dar conta da exigência alimentar reclamada pelo corpo.
  De origem humilde, trabalhara como governanta na Polônia, onde juntara algumas economias e se apaixonara pelo filho de seus patrões. A discriminação, filha dileta do orgulho, não permitiu que a mãe do jovem concordasse com a união, e Marie, além das dificuldades materiais que a obrigavam a passar fome e frio na França, ainda teria que vencer a dor moral de ter perdido o seu amor. Para

economizar carvão, pouco acendia a lareira. Para se alimentar tinha apenas pão e chá. Não era sem motivos que, por várias vezes, a jovem sentia desfalecimentos, diagnosticados posteriormente como distúrbios provocados pela fome.

A maneira pela qual Deus tece o linho da vida é, às vezes, incompreensível para alguns. Por que essa missionária não nasceu na França, em um lar rico, evitando dor e sofrimento demorados? Muitas são as provas por que precisamos passar antes de enfrentarmos o teste derradeiro que nos promove a graduações superiores. Espíritos fortes jamais pedem conforto ou facilidades em suas tarefas. Para não deixar amolecer a fibra de que são dotados, enfrentam rudes provas vencendo-as com a força e a fé que os caracterizam. Quem conhece a história de alguns missionários que vieram a este mundo sabe que a dor e o sofrimento foram inseparáveis companheiros de suas vidas. *Alcíone* personagem do romance *Renúncia* e *Célia*, do romance *50 Anos Depois*, ambos escritos por Emmanuel, psicografados por Chico Xavier, mostram o quanto alguém pode sofrer por amor a Jesus e a irmãos menores que caminham com eles.

Em linguajar poético, diz-se que Deus escreve certo por linhas tortas, ou seja, coloca nos devidos lugares os personagens das histórias que a vida precisa ministrar e as pessoas precisam ler. Foi assim com essa missionária.

Aos 26 anos de idade, conheceu o cientista Pierre Curie, que de imediato rendeu-se à sua personalidade, solicitando-lhe autorização para visitá-la no pequeno quarto onde morava. Passados alguns meses, estavam casados. Certamente aquele encontro fora marcado pelo destino. Pierre era dedicado à ciência e tão apaixonado pela pesquisa quanto Marie. A velha lei da atração entre os afins os uniu de corpo e alma.

No segundo ano de casada, nasceu-lhe a primeira filha:

Irene, que viria a ganhar o Prêmio Nobel pela descoberta da radioatividade artificial.

Em 1897, a jovem cientista já obtivera dois diplomas universitários, uma bolsa de estudo e publicara um magnífico trabalho sobre a magnetização do aço temperado. Ao selecionar temas para sua tese em doutorado, deparou com uma publicação de Henri Becquerel, dando conta de que os sais de urânio emitiam espontaneamente, sem exposição à luz, raios de natureza desconhecida. A possibilidade de descobrir a natureza dessa radiação deixou Marie tomada de contagiante alegria, e, de imediato, ela se pôs a trabalhar com esse objetivo em um pequeno depósito cedido pelo diretor da Escola de Física onde Pierre lecionava.

Concentrando esforços na radiação do Urânio, a cientista descobriu que os compostos de um outro elemento químico, o Tório, também emitiam radiações semelhantes. Deduziu, através dos dados que já registrara, que em ambos os casos a radioatividade (palavra criada por ela para designar a capacidade que certos elementos químicos têm de se transformar espontaneamente em outros, emitindo diversos tipos de radiação), era muito mais intensa do que se poderia esperar na quantidade de Urânio e de Tório contidas nos produtos observados. Aquele mistério estava ficando cada vez mais fascinante. Suas descobertas a levaram a deduzir que os minerais observados deveriam conter, ainda que em diminuta quantidade, uma outra substância radioativa de elevadíssimo poder. Qual seria essa substância? Só havia um meio de descobrir o novo elemento. Reiniciar a busca incessante. Mas isso não lhe metia medo. Pierre, a esta altura, já se incorporara ao trabalho no diminuto e úmido laboratório improvisado, ciente de que sua mulher estava no caminho certo.

Recomeçaram por separar e medir pacientemente a radioatividade de todos os elementos químicos contidos na pechblenda, um minério de Urânio. Dessa garimpagem em busca do elemento ignorado, acabaram por descobrir um outro, o Polônio, batizado com este nome em homenagem à Polônia, pátria de Marie. Cinco meses após, chegaram à descoberta do Rádio, o elemento procurado em virtude de sua alta radioatividade.

A grande batalha, agora, era provar ao mundo a existência desses elementos, determinando-lhes os pesos atômicos. Começou então o calvário do casal. O governo austríaco facilitou o fornecimento de uma tonelada de resíduos de pechblenda e ambos passaram a trabalhar cozendo o material, utilizando um velho fogão de ferro num barracão abandonado, cujo piso era de terra batida. Escreveu Marie em seu diário: *naquele miserável casebre passamos os melhores e mais felizes anos de nossa vida, totalmente consagrados ao trabalho. Por vezes, passava o dia inteiro a agitar uma massa em ebulição com uma vara de ferro, quase tão grande como eu própria. Ao chegar a noite, estava extenuada.*

Foram quatro anos envoltos em fumaça, a sufocar os pulmões, irritar a garganta e maltratar os olhos, até que puderam anunciar ao mundo o resultado de suas pesquisas. O casal havia conseguido preparar um decigrama de Rádio puro, determinando assim o seu peso atômico. A partir de então, este elemento foi reconhecido oficialmente.

Ao lado desse sucesso, a vida do casal sofria enormes problemas econômicos. Para suprir o escasso salário de Pierre como professor de Física (a má remuneração dos professores permanece até hoje), Marie teve que lecionar, deixando sua filha aos cuidados de uma ama. À medida que a radioatividade ganhava fama pelo mundo, o casal definhava a olhos vistos. Admirados com a fantástica intensidade das radiações desse elemento, já que apenas uma espessa camada de chumbo poderia detê-la, iniciaram-se os estudos para a utilização de tão intenso poder destrutivo.

A partir de então, o casal passou a ser convidado por

vários países, que lhe prestaram honrarias e homenagens. Em 1903, o Prêmio Nobel de Física lhes foi concedido. Em 1905, Pierre Curie finalmente ingressou na Academia das Ciências. A Sorbonne criou para ele uma cátedra de Física, ainda com um laboratório muito aquém de suas necessidades. Em abril de 1906, Pierre foi atropelado por um pesado carro puxado por um cavalo, falecendo neste acidente. Marie, agora sozinha, assumiu a cátedra que era do marido e em seu primeiro dia de trabalho iniciou o discurso exatamente com a mesma frase com a qual Pierre terminara sua última aula: *Quando consideramos os progressos conseguidos nos domínios da Física durante os últimos dez anos, surpreende-nos o grande avanço das nossas idéias no que diz respeito à eletricidade e à matéria...*

A fama de Marie se espalhou pelo mundo. As mais distintas academias estrangeiras deram-lhe diplomas, culminando com um segundo Prêmio Nobel, de Química, em 1911. A Sorbonne e o Instituto Pasteur fundaram conjuntamente o Instituto Curie de Rádio, onde ela trabalharia até a sua morte. Marie ofereceu a este Instituto um grama de Rádio produzido por ela e por Pierre, cujo valor foi calculado em um milhão de francos ouro. Em 1921, as mulheres norte-americanas reuniram cem mil dólares, o valor de um grama de Rádio e os ofereceram a Madame Curie, pedindo em troca que ela visitasse os Estados Unidos. Um pouco a contragosto, mas impressionada com tanta generosidade, aceitou o convite e foi honrada com condecorações, títulos e diplomas honoríficos. Prestigiada em todo o mundo, Curie fenecia a olhos vistos, apesar das amostras de sangue a que se submetia no Instituto do Rádio com as quais os médicos tentavam preservar-lhe a vida, prescrevendo-lhe medicamentos adequados.

Em 1934, acometida de febre, foi obrigada a recolher-se ao leito, de onde não mais se levantaria.

Por 35 anos ela trabalhara com a radioatividade. Por

milhares de vezes enchera seus pulmões com o ar viciado do Rádio. Durante os quatro anos da guerra ficara exposta às emanações dos aparelhos de Raios X. Cumprira fielmente a sua missão. O amor à ciência, a ética, a coragem, a perseverança, a humildade científica, o desprendimento, foram tantas as lições ministradas por essa incomparável mulher, que, sem rodeios, podemos chegar à conclusão da dificuldade em surgir uma outra igual na história científica dos séculos vindouros.

Marie não quis exclusividade para nenhuma de suas descobertas. Tudo pertence a Deus e o usufruto deve ser de toda a humanidade. Aqueles que se apropriam das descobertas científicas e com isso dificultam o acesso a quem delas necessitam são inimigos da paz.

Marie foi, provavelmente, a mais completa cientista da história do planeta em que vivemos. Se tivesse ficado na Polônia, chorando por um amor que lhe foi negado, nada teria descoberto ou realizado. Mas esse não era o desfecho que Deus planejara para a sua vida.

A ambos, Deus e Marie, a ciência agradece.

Um sonho de igualdade
(Martin Luther King Jr.)

Com que direito se exigirá de seus semelhantes melhores procedimentos, indulgência, benevolência e devotamento, se, por sua vez, não se agir assim para com eles?
(ESE – Cap. XI, Item 4)

A vida do Dr. Luther King Jr. é de um dinamismo tão rico, que dificilmente alguém logrará pintar com fidelidade o seu perfil, ao descrever a luta que ele empreendeu para assegurar justiça aos negros americanos, usando como armas principais a fé e a coragem.

Os negros do seu país, desprezados e odiados, estavam perdidos em sua descrença, subjugados pela vontade daqueles que, no passado, lhes haviam violentado o lar na África, roubando-lhes a dignidade, a liberdade e a esperança, os bens mais preciosos da vida humana. Trazidos acorrentados e em seguida escravizados, tratados como raça inferior, cujo mérito apreciado era unicamente a força de trabalho obediente e submissa, aqueles negros conviviam com a dor e com a humilhação, como a esperar um Messias que os libertassem. Eles precisavam de uma voz corajosa que os unisse através do ideal de luta. King foi essa voz. Necessitavam de uma bandeira. King a teceu em prol da liberdade. Sonhavam com a *terra prometida*, e King lhes disse: *Eu fui até a montanha e o Senhor me mostrou a terra prometida. Ela é aqui em Montgomery.*

Quando ele assumiu o cargo de ministro da Igreja Batista em Montgomery, notou que os negros da classe média, os mais educados, eram complacentes demais com a injustiça que sofriam e os mais pobres demonstravam acreditar que, de fato, pertenciam a uma raça inferior, ocupando uma terra que não lhes pertencia. Sem um líder que os guiasse, eles dificilmente se levantariam, pois estavam convictos de que mereciam o tratamento que lhes dispensavam. Quanto ao clero negro, costumava ignorar as questões sociais, tratando apenas de preparar os fiéis para o ingresso no além túmulo. A apatia contaminara também os ativistas políticos negros, que trabalhavam apenas para manter suas áreas de influência, lutando, às vezes, uns contra os outros, perdidos no tormentoso mar da discriminação racial.

King começou então com sua oratória fluente e persuasiva, a mesma com a qual conquistaria, através da lógica e dos apelos à não-violência, a simpatia da maioria dos americanos, a incendiar os corações sensíveis ao canto da liberdade.

Se estamos errados, a Suprema Corte deste país está errada. Se estamos errados, a Constituição dos Estados Unidos está errada. Se estamos errados, Deus Todo-Poderoso está errado. (...)Se protestarmos com coragem, mas com dignidade e amor cristão, quando os livros de história forem escritos no futuro, alguém terá que dizer: Houve uma raça de pessoas, de pessoas negras, de pessoas que tiveram a coragem moral de lutar por seus direitos, e assim, injetaram um novo significado nas veias da história e da civilização. Os negros foram abrindo espaços em seus corações para essas palavras, e elas foram se alojando neles, movimentando a fibra e a coragem, latentes nos injustiçados sonolentos. E começaram os exemplos de contestação às leis injustas, vigentes sob um sol que não nascia para todos.

King comandou o boicote aos ônibus de Montgomery, nos quais os negros tinham que ficar de pé para que os brancos sentassem. Foi uma luta de 381 dias, com prisões, passeatas, marchas, protestos, agressões policiais e mortes até que a segregação nos transportes coletivos foi vencida. Os negros atendiam à sua voz. Ele dissera para não utilizar os transportes e eles começaram a caminhar. Uma senhora, andando com dificuldade para o trabalho, recusou uma carona oferecida por um motorista. *Não estou andando por mim. Estou andando pelos meus filhos e pelos meus netos. A senhora não está cansada?* Perguntou o motorista. *Sim,* respondeu ela. *Meus pés estão cansados, mas minha alma está leve.*

Os negros haviam mudado. Recuperaram a sua auto-estima, o seu orgulho, o que enchia de fé aquele pastor obstinado.*Temos a cabeça erguida, agora,* disseram os negros a King. *Nunca mais vamos nos curvar, a não ser diante de Deus.*

Vencida a segregação nos ônibus, King parte para a luta pelo ingresso dos negros nas escolas de brancos. Teimoso como ninguém, a cada vez que saía da prisão, repetia: *Para servir de instrumento para a redenção da nação, para despertar a consciência do oponente, vai-se para a prisão e fica-se lá. Não se paga a multa e não se paga a fiança. A intenção não é subverter ou desrespeitar a lei. Infringiu-se uma lei que vai contra a lei moral, então sofre-se de bom grado as conseqüências, cumprindo a pena.*

Quando os negros começaram a sentar-se nos bancos escolares junto com os brancos, King já estava na batalha pelo voto. *Que nossas intenções fiquem absolutamente claras.*

Devemos ser e seremos livres. Queremos liberdade agora. Queremos o direito ao voto agora. Não queremos liberdade às colheradas por mais 150 anos. Deus nos fez nascer livres. Homens desorientados roubaram a nossa liberdade. Nós a queremos de volta.

Então vieram mais prisões, agressões, assassinatos, espancamentos, crueldades. A Klu Klux Klan, por todo o período de luta negra, foi ostensivamente brutal em suas ameaças e violências. Mas King era muito forte para ser quebrado como um graveto qualquer. Tinha a têmpera do aço. Trabalhava cerca de vinte horas por dia. Fazia mais de 300 conferências por ano, arrecadando fundos para retirar manifestantes negros das prisões, que se multiplicavam como gafanhotos. Os discursos na Igreja, as orações, as passeatas, as entrevistas, a mobilização da sociedade tinham fôlego abundante. Nem mesmo quando um afiadíssimo abridor de cartas lhe penetrou no peito, lá cravado por uma desequilibrada mental, King parou. Nessa ocasião, o médico lhe disse: *se você tivesse tocado nesta lâmina, ou pelo menos espirrado, seria um homem morto, pois sua veia aorta teria sido atingida.* Mas King não havia espirrado, nem sequer tinha tempo para isso.

Três semanas após, já estava concentrando forças para novas investidas. Birmingham, onde os negros eram mortos e mutilados com freqüência, considerada a cidade racista mais segregacionista do país, foi escolhida como cenário da coragem negra. King tornou público o Manifesto de Birmingham, que continha as reivindicações da campanha: lanchonetes integradas, toaletes e bebedouros integrados, empregos para negros nos estabelecimentos e indústrias locais e a organização de um comitê birracial para trabalhar num plano integracionista para a cidade. A fim de atingir esses objetivos, seriam feitas manifestações e boicotes. E estes continuariam, até que todas as reivindicações do manifesto fossem atendidas. Esse era o estilo King.

"Touro", comissário de polícia, um racista inveterado, prometeu fazer correr muito sangue na cidade e cumpriu a palavra. Mas aquilo não assustava mais os negros. O sangue parece ser o combustível da liberdade, e eles estavam prontos para essa doação. Após cruentas batalhas, pressionado pela opinião pública, o presidente enviou tropas federais para cercar a cidade, evitando mais massacres de inocentes negros. Os direitos civis começavam a ser conquistados e respeitados ali, na sala de estar da discriminação.

Em 1964, após as idéias de King sensibilizarem crianças e adolescentes que passaram a participar dos protestos contra a segregação, após a marcha para Washington, na qual ele discursou diante do Memorial de Lincoln para mais de 200 mil pessoas que buscavam seus direitos civis, foi agraciado com o Prêmio Nobel da Paz.

Em sua luta incansável, começou a organizar uma marcha de Selma a Montgomery, conseguindo reunir rabinos, católicos, protestantes e simpatizantes brancos formando um contingente de dezenas de milhares de pessoas que seguiram até as portas da Assembléia Legislativa do Estado de Alabama, onde King discursou: *Encontro-me aqui, hoje, diante de vocês, certo de que a segregação está em seu leito de morte e de que a única coisa incerta em relação a isso é o quanto os segregacionistas querem fazer custar o funeral.*

Aprovada a Lei dos Direitos Civis e a Lei dos Direitos ao Voto, Luther King volta-se para outra chaga americana, a Guerra do Vietnã.

Estamos mandando os jovens negros mutilados pela nossa sociedade para o Sudeste Asiático, um lugar a 13000 quilômetros de distância, para lutarem por uma liberdade que eles não haviam encontrado no sudoeste da Geórgia ou no leste do Harlem. E, assim, assistimos dia após dia, pela televisão, à imagem de uma ironia cruel: jovens negros e brancos matando e morrendo juntos por um país que não pôde fazê-los se sentarem juntos no mesmo banco escolar. Vemos a sua brutal solidariedade quando queimam as cabanas de uma aldeia pobre, mas sabemos que eles jamais viveriam no mesmo quarteirão em Detroit. Eu não poderia ficar calado diante de uma manipulação tão cruel dos pobres.

Após tantas vitórias conquistadas com a moeda do sacrifício, começa a preparar a Marcha dos Pobres. No dia 4 de abril de 1968, Martin Luther King estava na sacada de um hotel em Memphis, conversando com Jesse Jackson e o cantor Ben Branch, quando uma bala lhe atravessou o rosto, fazendo-o tombar morto no piso da sacada. Dois meses depois, James Earl Ray, um presidiário foragido, foi apontado como único responsável pelo assassinato.

Assim morreu o homem que tinha um sonho. *Eu ainda tenho um sonho. É um sonho profundamente enraizado no sonho americano. Um sonho de ver um dia os meus quatro filhos vivendo numa nação, onde eles não serão julgados pela cor da sua pele, mas pela essência do seu caráter.*

E esse sonho um dia será sonhado pela Humanidade inteira.

Adormecendo a dor
(Florence Nightingale)

*Aquele que quer sinceramente tornar-se útil a seus irmãos,
encontra mil ocasiões para isso.*
(ESE – Cap. XIII, Item 6)

Por volta de 1820, quando Florence nasceu na Inglaterra, ainda não existia a profissão de enfermeira. Raras mulheres se dedicavam a cuidar dos enfermos ou porque estes eram seus familiares ou porque foram obrigadas a esse cansativo mister pela força persuasiva de alguma ameaça, tal como hoje se faz nas condenações em que os infratores são forçados a prestar serviços sociais como pagamento de suas penas.

Relatos dessa época informam que, em alguns hospitais, os doentes estavam sob a guarda de prostitutas e de mulheres alcoólatras que optavam por prestar serviços nesses estabelecimentos no lugar de irem para a cadeia.

A mulher, esta era a mentalidade social da época, devia cuidar dos filhos, do marido, de ocupações domésticas, deixando aos homens o trabalho social que reclamava por mãos operantes, dedicadas e vocacionadas, como se estas fossem privilégio apenas deles.

Florence apaixonou-se desde cedo pelo estudo da anatomia humana. Sua sede de conhecimento nesta área a impelia a pesquisar mapas anatômicos, visitar hospitais, bibliotecas, imaginar como seria o universo interior recoberto pela pele e, danificado este, como levá-lo à normalidade.

O Espírito quando vem a este mundo traz tendências, aptidões, missão a desempenhar e, cedo as exterioriza, buscando meios de concretizá-las. Os missionários, Espíritos que reencarnam com missão específica em área definida, são determinados, testados na fidelidade, no trabalho, na persistência, na fé, e não se curvam diante das adversidades. Deus não confia missões espinhosas a operários vacilantes ou inexperientes.

O mundo precisava das mãos fortes e delicadas das mulheres no tratamento de milhares de feridos e amputados de guerra. Florence nascera para criar a escola de enfermagem para mulheres e aquilo parecia estar bem definido em sua mente.

Seus familiares, seguindo a tendência da época, reprovavam a sua vocação. Mas o que são argumentos vazios diante de uma vontade férrea? Superando os obstáculos familiares apelou para o Instituto de Diaconisas Protestantes da Alemanha, do qual recebeu lições de enfermagem e, um ano depois, obteve autorização para praticar este ofício nos hospitais de Paris. Ali a enfermagem estava sob a guarda das Irmãs de Caridade, religiosas que largavam tudo para socorrer as misérias humanas.

Após o proveitoso estágio voltou para a Inglaterra conseguindo, finalmente, um cargo de superintendente de uma casa que abrigava senhoras enfermas. A função que lhe fora destinada quase não lhe permitia dormir. Todavia, orientar as enfermeiras, assistir às operações e administrar a casa deu-lhe grande experiência, preparando-a para os futuros embates que empreenderia. Estes chegaram em 1854 quando a Inglaterra estava em guerra contra a Rússia. A enorme quantidade de feridos, a escassez de medicamentos e de material para os curativos, a falta de profissionais médicos fizeram o povo emitir duras críticas contra o governo. A França tinha Irmãs de Caridade que eram ótimas enfermeiras. Por que a Inglaterra não as tinha? Por que os ingleses morriam às centenas nos hospitais improvisados, sem a dignidade de uma enfermeira a sua cabeceira? Nesse clima de indignação favorável a Florence, ela enviou um projeto ao Ministério da Guerra, oferecendo-se para recrutar e treinar um grupo de enfermeiras com a finalidade de salvar vidas destroçadas no campo de batalha.

Aprovado o projeto, Florence recrutou seu pequeno exército composto por 38 enfermeiras e partiu para o centro da burrice humana, a frente de batalha, a fim de cuidar daqueles que deixavam parte do seu sangue na areia, muitas vezes, sem saber sequer o motivo de tão desequilibrado gesto.

O hospital que lhe foi entregue mais parecia um matadouro. Era constituído de vários andares com enormes corredores sujos de sangue, com enfermos amontoados sem uma prévia seleção e onde faltava o básico para qualquer operação. Homens feridos misturavam-se a doentes vítimas de doenças contagiosas e ouviam-se gemidos e lamentações por toda parte. Por baixo do hospital corria o seu esgoto onde os dejetos emitiam um odor insuportável, nauseando os doentes e os profissionais da medicina. O lixo hospitalar, constituído de braços, pernas e outros órgãos amputados atraíam ratos e insetos, fazendo daquele local um verdadeiro inferno a desafiar qualquer anjo que por ali passasse.

Florence estava no cenário para o qual havia nascido. Aquela era a missão que lhe fora confiada como tal ocorrera a Pinel e a Schweitzer. Se as verdades espirituais surgem concomitantemente em vários pontos do planeta, as medidas profiláticas e humanitárias seguem o mesmo e natural caminho. A jovem começou imediatamente a trabalhar, organizando os doentes, ministrando a limpeza, promovendo o conforto material e moral para todos. Era uma mulher incansável como o são todos os missionários. Pouco tempo depois de sua chegada, os doentes mostravam mais calma, recuperavam-se mais rapidamente devido à confiança que sentiam nela, no seu tratamento humanitário, na sua figura de anjo maternal, movimentando-se entre os leitos. Logo que chegou, a incansável enfermeira, com seus próprios recursos ampliou a lavanderia, convidou as esposas dos soldados para auxiliar na lavagem das roupas, fato que melhorou sensivelmente a limpeza do ambiente; avançou pela cozinha duplicando a sua capacidade e dividiu a comida entre dietas para doentes que exigiam uma alimentação especial e outros que suportavam a alimentação usual, ou seja, comum a todos; instalou e supriu um armazém com produtos necessários a um hospital, a que todos os cirurgiões podiam recorrer e obter respostas rápidas às suas necessidades; estabeleceu um departamento de vales-postais para quem desejasse enviar dinheiro para a família, evitando que muitos gastassem seus salários com bebidas em momentos depressivos que tinham na saudade a causa maior; mandou abrir um café ao lado da cantina e, com isso, conseguiu diminuir o alcoolismo entre os soldados; organizou cursos, palestras, inaugurou uma sala de leitura incentivando os ingleses a enviarem livros, jogos, discos, para aqueles que defendiam a sua *honra* em batalha; escreveu centenas de cartas a funcionários públicos apelando para que promovessem mudanças nos serviços sanitários.

Malgrado seu corpo frágil, o Espírito diamantino se movimentava em incessante ritmo de progresso. Nos relatos dos soldados constava que aquele anjo passava todo o dia ajoelhado sobre feridas confortando doentes e, quando as cirurgias exigiam ele era capaz de passar noites sem dormir, estancando sangrias.

Em 1856, quando Kardec já se preparava para lançar *O Livro dos Espíritos*, foi assinado o tratado de paz em Paris, retornando Florence para sua terra natal. O governo colocou a sua disposição um navio de guerra em retribuição ao seu feito memorável no alívio às dores da guerra. Florence não aceitou. Estava farta de ver cenas de guerra e convicta de que esta não era a melhor maneira de resolver questões diplomáticas. Aceitaria satisfeita um barco da paz, mas os governos terrenos haviam se especializado em atirar primeiro para depois conversarem sobre a paz e este não era o seu estilo.

Dias depois, misturada à multidão, pois não desejava ser reconhecida, voltou veladamente a Londres, subtraindo-se aos eventos preparados em sua homenagem. Aqueles dois anos em campo permanente de batalha afetaram profundamente a sua saúde.

Ao saber que Florence estava enferma, toda a cidade de Londres se comoveu, movimentando-se para atender ao velho sonho da enfermeira: criar uma escola de enfermagem. O povo (sempre o povo), doando de suas posses, tocado por aquele exemplo de mulher cuja vida se resumia a aliviar a dor, fez valer a sua força, construindo o Hospital de St. Thomas, inaugurado por Florence. O hospital passou a atuar como a primeira escola de enfermeiras, diplomando a primeira turma em 1861. Estava criada a profissão de enfermeira. Os hospitais a partir de então, movidos pela inspiração dessas nobres profissionais se reformariam, teriam tratamentos mais humanizados inspirados na grande mulher que dera início àquele movimento.

Florence continuaria a acompanhar o vigor crescente dos frutos que plantara, em sua cama de onde, apesar das limitações físicas que não lhe permitiam caminhar, respondia às cartas que lhe enviavam seus admiradores até aos 90 anos de idade, quando veio a falecer.

Florence obedeceu fielmente aos preceitos de Jesus, médico divino que, em um dos seu memoráveis ensinamentos, dissera: *Estava enfermo e me curaste.*

A paixão de ensinar
(Euclides)

> *Espíritas!, amai-vos, eis o primeiro ensinamento.*
> *Instruí-vos, eis o segundo*
> *(ESE – Cap. VI, Item 5)*

Certa feita, Pedro, um dos escolhidos por Jesus para a divulgação da Boa Nova, lhe fez a seguinte pergunta, registrada posteriormente por Mateus: *E nós que deixamos tudo e te seguimos, que receberemos?* Antes dele, um aluno de Euclides fizera pergunta semelhante, interessado em saber as vantagens que a aprendizagem da geometria poderia lhe garantir: *Mestre, o que eu ganho aprendendo geometria?* Diante de tal pergunta que desnudava a alma do seu aluno revelando-o como alguém ávido por riquezas e apegado aos bens materiais, o professor, que detinha o mais valioso de todos os tesouros, o conhecimento, chamou um velho criado e disse: — *Dá-lhe uma moeda já que ele pretende obter lucro de tudo quanto aprende.*

É desnecessário dizer que esse aluno, a partir de então, foi privado desse tesouro, pois Euclides não mais o aceitou como aprendiz. Se esse grande mestre tratou com severidade até mesmo o faraó do Egito, Ptolomeu I quando este lhe pediu que adotasse um método mais fácil para lhe ensinar geometria, dando-lhe a seguinte resposta: *Não existem estradas reais para se chegar à geometria*, não deixaria sem uma resposta adequada um simples mortal que pretendia utilizar-se de seus conhecimentos para obter vantagens pessoais.

A geometria era muito avançada no antigo Egito. A medição e divisão de terrenos, a construção de templos, de pirâmides e de outros monumentos tinham nela um guia teórico inigualável. O jovem, para ser sábio deveria dominá-la. O filósofo não ousava dar-se esse título se não a conhecesse. Tal como nos dias atuais onde a juventude se enerva com os cálculos onde o pi (medida correspondente ao tamanho da circunferência dividido pelo seu diâmetro) precisa ser empregado, no Egito antigo ele já fazia neuróticos com o auxílio dos matemáticos de plantão.

A geometria do Egito era tão famosa que os gregos, famosos pelo conhecimento que demonstravam possuir, iam fazer estágios naquele país para melhor conhecê-la. Tales de Mileto, Pitágoras e muitos outros matemáticos e filósofos eram admiradores do conhecimento egípcio.

Com Euclides, essa ciência atingiu o ápice, tornando Alexandria a referência mundial e o centro de convergência dos estudiosos desse assunto, três séculos antes de Jesus encarnar neste planeta.

Ao escrever os *Elementos*, treze volumes nos quais resumiu o conhecimento matemático de sua época, Euclides deu ao mundo o que os egípcios haviam armazenado, embora, desordenadamente, através dos séculos. A partir dele, o ponto, a reta, o círculo, a aritmética e tudo quanto se sabia sobre a matemática passou a ser organizado e metodicamente transmitido nas escolas. Deve-se a ele a ordenação da idéia, a codificação do conhecimento, da mesma maneira que devemos a Kardec a ordem e a seqüência lógica dos conhecimentos espíritas, dispersos desde as primeiras revelações indianas. As figuras geométricas foram devassadas por ele, as áreas e os volumes, determinados, calculados e demonstrados com elegância e precisão. É de sua lavra o conceito de lugar geométrico e o postulado das paralelas. Divulgando a geometria como uma ciência dedutiva, embasada em axiomas (hipóteses básicas), ele a tornou conhecida e admirada no Egito, de onde ela saiu para invadir o mundo.

Para um trabalho de tal magnitude, ensinar e escrever tão monumental obra, esse admirável mestre deve ter dedicado todo o tempo disponível de sua vida. Louva-se o homem, mas não se faz, geralmente, sobre ele um juízo mais aprofundado. Quantas noites, sob a luz de tochas, passou raciocinando sobre complicadas lições? Quantas vezes deve ter se torturado até atingir a resolução de um problema que o atormentava? Um sábio não se faz em um dia, mas em muitas vidas de dedicação e trabalho. Euclides renunciou a todas as vantagens, divertimentos, prazeres, por amor à arte de ensinar. A prioridade única da sua vida era estar de frente para seus alunos e transmitir a nobre ciência da matemática.

Para homens assim, o alimento, o conforto, as honrarias, a riqueza, nada significam diante do conhecimento. Para ele, cada dia no ofício de ensinar parecia ser o último, e ele o vivia como se, realmente, seu tempo estivesse agonizante. Sua tarefa foi tão importante que, mesmo hoje, mais de dois milênios após a sua morte, seu nome é lembrado e reverenciado com respeito e veneração.

Sem dúvidas foi um missionário em sua área de atuação. Desses que vêm ao mundo para fazê-lo evoluir e, para tanto, não perdem tempo em descanso ou distração.

Euclides, a mais alta expressão da matemática em todos os tempos, foi um homem que viveu pelo conhecimento e para o conhecimento. O saber lhe bastava como alimento para a sua alma. A revolução que ele iniciou só foi igualada por Einstein com a sua teoria da relatividade. Este, quando recebeu de presente o livro de Euclides, o *devorou* em duas semanas, sendo esta uma das maiores alegrias de sua alma naquela presente encarnação.

A relação dos homens com o conhecimento revela o caráter da alma, o estágio evolutivo do Espírito, as conquistas morais que ele já detém. Alguns se aproximam do saber para, através dele, dominar seus pares; outros para se vestirem de espessa camada de orgulho, desprezando aqueles que não têm oportunidades de se elevarem até eles; terceiros, entenda-se a minoria, o perseguem para manuseá-lo com alta consideração, dele acercando-se respeitosos, cheios de cuidados para não profaná-lo e, quando o dominam, tornam-se doadores.

Euclides fazia parte desses últimos, dos poetas, pois todo missionário é poeta à sua maneira. É amante do conhecimento e se satisfaz em repassá-lo a alguém, e isso é poesia pura.

Diz a estatística que a obra *Os elementos* é, depois da Bíblia, o livro mais reproduzido e estudado por matemáticos e filósofos no mundo ocidental. Não precisamos ser matemáticos para reconhecer nesse mestre alguém que, por amor, veio a este mundo com a missão de fazer avançar o conhecimento matemático para que as futuras gerações dele tirassem proveito.

Euclides se situa na classe de cientistas que trabalham pelo avanço da Terra, tal qual Galileu, Pascal, Newton, Pitágoras e tantos outros que se satisfazem em ver seus irmãos evoluírem não medindo esforços para isso. Fazem parte das legiões que invadem a Terra pela porta do ventre e testemunham o amor que Deus dedica à humanidade.

    Que não saibamos matemática é até admissível, mas que desconheçamos o amor é quase impossível, posto que ele está no meio de nós.

Aplacando a fome
(Betinho)

O sentimento mais adequado a fazer-vos progredir, domando vosso egoísmo e vosso orgulho, aquele que dispões vossa alma à humildade, à beneficência e ao amor ao próximo é a piedade.
(ESE – Cap. XIII, Item17)

Existirá uma fome maior que outra ou toda privação de alimento é apenas fome? Acho que toda fome física dói e faz o estômago revoltar-se contra a demora em atendê-lo com algum volume.

Primeiro ele ronca como um animal prisioneiro para depois contorcer-se como se quisesse devorar a si próprio. Caso não lhe atendam, termina por queimar suas paredes com lágrimas ácidas. Todo esse tormento tem causa na súplica não atendida de alguma semente, alguns grãos que possuam o poder mágico de aplacar tempestades estomacais.

Hoje penso que suportar o drama causado pela fome de um filho deve ser mais intragável que a desgraça de ser faminto.

Por muitas vezes em minha infância vi a fome de perto com suas caretas e contorcionismos. Seguidos dias tive que me refugiar na rede para que ela me encontrasse dormindo. Meu corpo nunca conseguiu ser um depósito abastado de proteínas, muito menos de gordura, daí ter se adaptado à dura disciplina de sobreviver com pouco alimento. Fui daquele tipo de menino maneiro qual passarinho que, soprado no peito, as penas deixam entrever uma titela descarnada e fina como uma lâmina. Daí, ter me tornado excelente coletor de frutas dos pomares alheios, pulando cercas e invadindo quintais para enganar a fome.

Com alguma experiência nesta área, não o ronco da cuíca, mas o ronco do estômago, é que considero o ato de matar a fome de alguém uma refinada expressão de amor. Muitos falam da fome sem saber exatamente quais os tormentos nela embutidos. Todavia, somente aqueles que conviveram com ela sabem da agudeza da sua cobrança. A fome causa tontura, raiva, revolta, tremores, inveja, coloca arma nas mãos dos famintos, faz chorar e querer morrer. A ausência de alimentos causa um estado de perturbação que tira o bom-senso e transforma o homem mais pacífico num animal acuado. Quando vejo alguém ser preso por roubar alimentos, sinto uma severa revolta por nada poder fazer pelo prisioneiro, por não estar perto, por não repartir com ele as lentilhas que me sobram.

É por essa razão que considero o gesto de Herbert José de Souza, o Betinho, uma prova de amor das mais necessárias. Ele tinha tudo para ser um revoltado contra o seu país, um indiferente com a sorte dos miseráveis, um acomodado em sua sobrevivência. Foi militante político na universidade, aderiu ao marxismo teórico da Ação Popular no início dos anos 60, do qual seguiu para o maoísmo, sendo perseguido e exilado na Europa. Em Portugal, participou da rearticulação do PTB juntamente com Brizola, mas desistiu de militar nesse partido dedicando-se à área da pesquisa. Junto com alguns amigos criou o IBASE (Instituto Brasileiro de Análises Sociais e Econômicas), onde penetrou fundo nas mazelas sociais do país.

Por ser hemofílico e necessitar de transfusões de sangue, contraiu AIDS em uma delas, fato que o levou a direcionar seus esforços em favor dos portadores dessa doença. Das discussões que promoveu, surgiram medidas que apressaram as ações governamentais na prevenção e no tratamento dessa enfermidade.

Ao ampliar as discussões sobre a necessidade de implementação de medidas ecológicas, relacionando-as a conceitos de democracia, ambiente e desenvolvimento, tornou-se alvo de observadores internacionais que o apontaram e o escolheram como ganhador do prêmio Global 500, da ONU, em 1991.

Em 1993, liderou uma campanha vitoriosa intitulada *Ação da Cidadania contra a Miséria e pela Vida*, que ficou conhecida como *Campanha contra a Fome*, na qual se envolveram mais de 26 milhões de pessoas arrecadando e distribuindo milhares de toneladas de alimentos. Tal campanha tem se prolongado com outros nomes, mas sempre vinculada à sua figura.

A pergunta que repito com freqüência é a seguinte: *Por que é sempre o povo, através de um líder, que socorre os famintos, enquanto os mais abastados, os dominadores, os que concentram riquezas se banqueteiam indiferentes à fome de milhões?* Talvez porque nunca tenham sentido a fome devorar suas entranhas e, justamente por isso, não façam um idéia justa do estrago que ela causa no organismo humano. Talvez os abastados se sintam com direitos aos privilégios que detêm e, porque estes ainda não foram retirados por Deus, sejam interpretados como doados por Ele, ou no mínimo, tenham o Seu consentimento e aprovação.

A indiferença à fome de qualquer ser humano, notadamente de crianças, deveria ser encarada como um crime de grave natureza. Principalmente porque um organismo, antes de fenecer pela fome, empreende grande luta para sobreviver, devorando partes de si próprio, enlouquecendo de dor e de exaustão, até tornar-se imóvel.

O desgraçado que assiste indiferente a tão macabro espetáculo grava em seus arquivos espirituais a máscara da fome que só se aquietará quando, somatizada, reviver o drama que lhe deu origem. O Espiritismo, ao escolher a caridade como um de seus pilares, valorizou o gesto de saciar qualquer tipo de fome que torne o Espírito rebelde e delinqüente. Ao dar o pão, prepara o corpo para os embates da vida. Ao ministrar a instrução, projeta o Espírito para os roteiros luminosos da existência.

Betinho foi a mão misericordiosa que impôs silêncio ao grito da fome, pelo menos em alguns, durante algum tempo. Seu gesto ultrapassou os limites do estômago e alojou-se no coração de muitos, acordando-os de seus sonolentos e diminutos sonhos. Ao clamar pelo alimento, nos fez recordar que pertencemos a uma mesma família, a família humana, e nos alargou a parentela para além dos nossos quintais. Seus olhos penetrantes avistaram a grandeza humana sob os andrajos que a cobriam e, em homenagem ao Mestre que é tido como o Pão da Vida, procurou as últimas reservas de forças para alimentar os famintos.

Betinho. O Brasil sente enorme saudade de você. Talvez fosse melhor dizer: Betinho. O Brasil sente enorme fome de você!

Carta para Maria

Esta carta é um presente para os fãs de Betinho, entre os quais me incluo. Mostra a face humana de um homem, impregnada por respingos divinos, pois todo amor tem procedência divina. Quem dera que todos os amantes do planeta tivessem este respeito e esta ternura para com suas amadas. Suas amadas, logicamente, os tratariam como a Maria do Betinho o tratou, retribuindo carinho com carinho, amor com amor mais profundo ainda.

Que ninguém se engane em lidar com o amor. Ele só se permite acompanhar por quem respeita o ser amado e a si próprio. Ele não pactua com o sentimento de posse nem com o desrespeito, mas sossega com a liberdade que prende o ser amado.

Não conheci a Maria do Betinho. Trato-a assim porque existem outras Marias. E entre todas elas está a mais bela – Maria, mãe de Jesus.

O que tenho a dizer, caso a encontre um dia, é que não perdemos o Betinho. Um dia ele surgirá no meio de nós, sem o medo dos perseguidores, sem os traumas da doença, sem a fome a atormentar nossos irmãos.

Nesse dia, somente o amor envolverá nossas atitudes, e, à semelhança de um delicado e perfumado revestimento, ele transformará qualquer gesto nosso em presente para os amigos e afagos para quem se julgar inimigo da nossa causa, o próprio amor.

Carta de despedida para Maria

Este texto é para Maria ler depois da minha morte, que, segundo meus cálculos, não deve demorar muito.

É uma declaração de amor.

Não tenho pressa em morrer, assim como não tenho pressa em terminar esta carta.

Uma carta para Maria tem que ter todos os cuidados. Não quero que ela fique triste; quero fazer dela também um pedaço de vida pela via de lembrança que é a nossa eternidade.

Nós nos conhecemos em 1970. Havia um clima de medo nada

propício para o amor.

Mas, tínhamos que começar o namoro de alguma forma...
Foi no ônibus da Vila das Belezas, em São Paulo.

Saímos em direção ao fim da linha como quem busca um começo. E aí, veio o primeiro beijo, sem jeito, espremido, mas gostoso, um beijo público.

Nosso amor era muito mais forte que qualquer ideologia. Fomos viver em um quarto e cozinha, minúsculo, perto da igreja da Penha.

No lugar cabia nossa cama, uma mesinha, coisas de cozinha e nada mais. Mas como fizemos amor naquele tempo! Foi incrível! E seguramente nunca tivemos tanto prazer...

Até que tudo começou a "cair". Prisões, torturas, polícia por toda parte, o inferno na nossa frente.

Fomos para o Chile.

Depois, passamos por muita coisa. Até que a anistia chegou e nos surpreendeu. E agora, o que fazer com o Brasil?

Foi um turbilhão de emoções: o sonho virou realidade!

Era verdade! O Brasil era nosso de novo.

A primeira coisa foi comer tudo que não havíamos comido no exílio: feijoada, angu com galinha, quiabo com carne... Um reencontro com o Brasil pela boca.

Uma das maiores emoções da minha vida foi ver o Henrique surgindo de dentro de você. Emoção sem fim e sem limite.

Depois do exílio, nossas vidas pareciam bem normais. Mas, como uma tragédia que vem às cegas e entra pelas nossas vidas, estávamos diante do que nunca esperei: a Aids.

Em 1985, surge a notícia da epidemia que atingia a homossexuais, drogados e hemofílicos.

O pânico foi geral. Eu, claro, havia entrado nessa.

E você, mais do que nunca, revelou que é capaz de superar a tragédia, sofrendo, mas enfrentando tudo e com um grande carinho e cuidado. A Aids selou um amor mais forte e mais definitivo, porque desafia tudo, o medo, a tentação do desespero, o desânimo diante do futuro.

Assumi publicamente minha condição de soropositivo e você me acompanhou. Nunca pôs um senão. Deu a mão e seguiu junto como se fosse metade de mim... inseparável.

E um dos maiores problemas da Aids é o sexo. Ter relações com todos os cuidados ou não ter?

Passamos por todas as fases, desde o sexo com uma ou duas camisinhas até sexo nenhum, só carinho.

Preferi a segurança total ao mínimo risco.

Parei, paramos e, sem dramas, com carências, mas sem dramas, como se fosse normal viver contrariando tudo que aprendemos como homem e mulher...

Viver é muito mais que fazer sexo. Mas, para se viver isso, é necessário que Maria também sinta assim e seja capaz dessa metamorfose, como foi.

Irei ao meu enterro sem grandes penas e principalmente sem trabalho, carregado. Não tenho curiosidade para saber quando, mas sei que não demora muito.

Quero morrer em paz, na cama, sem dor, com Maria do meu lado e sem muitos amigos, porque a morte não é ocasião para se chorar, mas para celebrar um fim, uma história.

Tenho muita pena das pessoas que morrem sozinhas ou mal acompanhadas. É morrer muitas vezes em uma só.

Te amo para sempre.

Betinho

O médium de Pádua
(Antônio de Pádua)

*Eu estou convosco, **e meu apóstolo vos ensina**.* Bebei na fonte viva de amor, e preparai-vos, cativos da vida, para um dia lançar-vos, livres e alegres, no seio daquele que vos criou fracos para vos tornar perfeitos, e que quer que modeleis vossa maleável argila, a fim de vós mesmos serdes os artesãos de vossa imortalidade.*
(ESE – Cap. VI, Item 6)

Antônio de Pádua, conhecido entre os brasileiros como santo Antônio, solicitado constantemente para atender a pedidos relacionados a casamentos e a coisas consideradas impossíveis, é na verdade, Fernando, filho de nobres portugueses dos quais renunciou a riqueza e os títulos.

Educado observando o exemplo dos pais, pessoas honestas e generosas para com os infelizes, desde cedo Fernando demonstrou grande veneração pela mãe de Jesus, a quem recorria em constantes preces, solicitando orientação para a sua vida.

Aos 15 anos de idade, demonstrando invulgar

maturidade para tão pequeno estágio carnal, Fernando ingressou no mosteiro de São Vicente de Fora dos Agostinianos, mudando seu nome para Antônio, tendo em mente seguir o ideal franciscano, àquela altura já espalhado pela Europa. Ali aprofundou seus estudos e, encontrando grande afinidade com os ensinamentos de Jesus, decidiu viver com o Cristo e para o Cristo.

Quem com apenas 16 anos toma uma decisão de tão grande magnitude, certamente, deve tê-la planejado ainda na erraticidade, ou seja, antes mesmo de reencarnar. Isso demonstra a grandeza do seu Espírito já testado em árduas lutas na defesa do ideal cristão.

Ao ser ordenado sacerdote em 1219, continuou seus estudos e pregações que, por sua beleza e sinceridade, converteram muitos dos chamados "hereges" à vida simples aconselhada pelos franciscanos.

Antônio de Pádua era dotado de faculdades mediúnicas que lhe permitiam ver e dialogar com Espíritos desencarnados, iluminados ou não, fato que mais fortalecia a sua fé, embasada e norteada por referenciais que ultrapassavam a argila das igrejas, tendo morada nos reinos de paz onde somente os bons Espíritos têm ingresso.

Certa feita, enquanto pregava, na terça-feira santa do ano de 1226, na Igreja de São Pedro de Orveyroix, em Limora, lembrou-se de que, naquela mesma hora, deveria estar no outro lado da cidade discursando em um mosteiro. Segundo testemunho e registro da Igreja Católica, todos o viram ajoelhar-se e cobrir-se com um capuz, ficando em silêncio durante alguns minutos, passando a impressão de que orava. No mesmo momento, no convento aludido, surgiu a sua figura vindo da capela, leu no ofício religioso o texto marcado para aquele dia, desaparecendo em seguida.

Posteriormente, pregando em Pádua, soube por via mediúnica que seu pai estava a caminho da forca, acusado de um crime que não cometera. Utilizando-se do mesmo expediente, escorou-se no púlpito e desdobrou-se até onde seu pai caminhava com seus algozes para a execução do ato condenatório. Ocorre que o vizinho do seu genitor assassinara um homem e escondera o cadáver na propriedade ao lado, justamente a do pai de Antônio, fato que o levou a julgamento com posterior condenação. Antônio de Pádua, surgindo de repente em Lisboa, junto da sepultura da vítima, fez com que seu Espírito se levantasse da tumba, contasse a verdadeira história do assassinato, caindo imóvel dentro da sepultura após desfazer o mal entendido. Tal fato ligado à ectoplasmia, ou seja, materialização do perispírito da vítima e do seu próprio, passou à história como um dos seus maiores milagres.

Ao retornar de Lisboa, pediu desculpas aos assistentes dizendo que fora libertar seu pai da forca, sendo comprovada posteriormente a veracidade da sua argumentação.

De outra feita, quando passou a divulgar o Evangelho de Jesus em praça pública, sofreu forte resistência daqueles que descriam da sua palavra, talvez devido à falta de compromisso de alguns religiosos da época para com o mestre que diziam defender. Sabe-se que a atuação de maus sacerdotes na Idade Média foi causa da descrença de muitos. Antônio de Pádua pregava a fidelidade a Deus através do amor ao próximo. Essa era a essência do seu discurso. Mesmo assim, em Rímini, quando o público tornou-se indiferente e até mesmo hostil à sua pregação, ele dirigiu-se aos peixes e disse: *Escutem a palavra de Deus, peixes do mar e do rio, já que os presentes não querem escutá-la.* De repente, grandes cardumes passaram a se aglomerar na superfície da água, provocando enorme espanto entre os presentes. A partir de então suas pregações passaram a ser bastante concorridas e ele, que já tinha fama de santo devido a seus dons mediúnicos, adicionou mais este *milagre* aos que já realizara.

Quando em 1221, Antônio chegou a Marrocos, adoeceu gravemente. No retorno à sua terra uma tempestade o arrastou para a Itália. Chegando a Assis, participou de uma reunião de 5000 frades franciscanos, revigorando seu antigo desejo de se tornar um deles. Nessa ocasião conheceu Francisco de Assis, com o qual identificou-se de pronto devido à semelhança de ideais que ambos nutriam.

A Terra estava em uma de suas descidas morais, notadamente na área religiosa. As cruzadas, o desvio da rota evangélica, a Inquisição que breve chegaria, devem ter sido causas da presença na Terra desses dois Espíritos íntimos do Cristo, com a tarefa de revigorar os ensinamentos cultivados pelos cristãos primitivos. Vejamos como Bezerra de Menezes se refere a Antônio de Pádua, em seu livro *Dramas da Obsessão*, psicografado por Yvonne Pereira: *O chamamento, com efeito, fora dirigido a Antônio de Pádua, grande mentor espiritual e reencarnação de um devotado apóstolo do Divino Mestre, Espírito universal, portanto, venerado, direta ou indiretamente, como apóstolo de Jesus que foi, por toda a cristandade, como sendo um dos eleitos da chamada Corte Celeste.* Por sua vez, Francisco de Assis, também foi um dos apóstolos de Jesus reencarnado, e ambos estavam ali a fim de restaurar a igreja que ameaçava retardar o avanço de tão luminosos e úteis ensinamentos.

Como deve ter sido belo o encontro dessas duas almas, há séculos irmanadas pelo ideal de servir ao mestre que veneravam e pelo qual se sacrificavam. Mais tarde, em 1224, Francisco escreveria uma carta a Antônio, encarregando-o da formação teológica dos irmãos.

Depois de percorrer o norte da Itália, Antônio dirige-se ao sul da França, onde, após algum tempo de pregações, é eleito "Custódio da França". Um ano depois, já é provincial dos frades no norte da Itália.

Dois anos mais tarde, em Assis, participa do Capítulo Geral da Ordem, que o envia a Roma, com a função de acertar com o Papa detalhes sobre questões religiosas. Ao pregar diante de Gregório IX contagia a todos com a sua oratória simples e brilhante, sendo apelidado de *Arca do Testamento*, por dominar por completo o conteúdo das sagradas escrituras.

Em 1229 começa a redigir *Os Sermões*, deixando para a posteridade dois volumosos compêndios contendo a sabedoria evangélica que tão bem sabia expressar em palavras e atos.

Aos 39 anos, devido ao esforço prolongado em divulgar a Boa Nova, aos jejuns que fazia e ao trabalho apostólico do qual não abdicava, veio a falecer após breve período de paralisia de seus membros e fervorosas orações em favor de Maria, a santa de sua devoção.

Antônio de Pádua, no curto período de sua vida, converteu a muitos pela palavra sincera e consoladora que proferiu, aliviando os doentes do corpo e da alma, lembrando-lhes a esperança, a justiça, as recompensas que existem além da morte para aqueles que têm em Jesus o pastor e o médico divinos.

Qual Francisco de Assis, abdicou de toda a fortuna, dos títulos e das vantagens sociais que herdaria dos pais, a fim de se doar em nome do Mestre que reconhecia como o seu Senhor.

Amante da pobreza, espalhou a riqueza do seu saber e da sua bondade, libertando almas prisioneiras da ignorância e acolhendo-as na condição de irmãs pelas quais devia zelar e as quais deveria encaminhar para Deus.

Quando estava prestes a desencarnar avisou aos amigos que o cercavam: *Vejo o meu Senhor!* Em seguida, com a expressão de paz, fruto do dever retamente cumprido, deixou o corpo do qual se servira para expressar o poema maior que qualquer Espírito escreve sobre a terra, a caridade.

A sua mediunidade ficaria famosa e seria citada séculos mais tarde por ocasião do advento do Espiritismo, a Doutrina que, à sua semelhança, tentaria reviver a pureza do cristianismo primitivo, o mesmo que ele e o Mestre Jesus espalharam pelas terras áridas da Judéia, e que, mais tarde, seria espalhada pelo mundo inteiro.

---

* Quando Kardec introduziu os textos de autoria de o Espírito de Verdade já estava convicto de que este era realmente o Cristo. E quanto ao Cristo, ao dizer que seu apóstolo nos ensinava, referia-se a Kardec?

Amor à natureza
(cacique Seattle)

Sendo o homem o depositário, o gerente dos bens que Deus entrega em suas mãos, será cobrado severamente pelo emprego que tiver feito deles, em virtude de seu livre-arbítrio.
(ESE – Cap. XVI, Item 13)

No ano de 1854, o presidente dos Estados Unidos fez a uma tribo indígena a proposta de comprar grande parte de suas terras, oferecendo, em contrapartida, a concessão de outra reserva. O texto da resposta do Chefe Seattle, distribuído pela ONU (Programa para o Meio Ambiente) e aqui publicado na íntegra (com grifos meus), tem sido considerado, através dos tempos, um dos mais belos e profundos pronunciamentos já feitos a respeito da defesa do meio ambiente.

"Como é que se pode comprar ou vender o céu, o calor da terra? Essa idéia nos parece estranha. Se não possuímos o frescor do ar e o brilho da água, como é possível vendê-los?

Cada pedaço desta terra é sagrado para meu povo.

Cada ramo brilhante de um pinheiro, cada punhado de areia das praias, a penumbra na floresta densa, cada clareira e inseto a zumbir são sagrados na memória e experiência do meu povo. A seiva que percorre o corpo das árvores carrega consigo as lembranças do homem vermelho.

Os mortos do homem branco esquecem sua terra de origem quando vão caminhar entre as estrelas. Nossos mortos jamais esquecem esta bela terra, pois ela é a mãe do homem vermelho. **Somos parte da terra e ela faz parte de nós**. As flores perfumadas são nossas irmãs; o cervo, o cavalo, a grande águia, são nossos irmãos. Os picos rochosos, os sulcos úmidos nas campinas, o calor do corpo do potro e o homem, todos pertencem à mesma família. Portanto, quando o grande chefe em Washington manda dizer que deseja comprar nossa terra, pede muito de nós. O grande chefe diz que nos reservará um lugar onde possamos viver satisfeitos. Ele será nosso pai e nós seremos seus filhos. Portanto, nós vamos considerar a sua oferta de compra. Mas isso não será fácil. Esta terra é sagrada para nós.

Esta água brilhante que escorre nos riachos e nos rios não é apenas água, mas o sangue de nossos antepassados. Se lhe vendermos a terra, vocês devem lembrar-se de que ela é sagrada, e devem ensinar às suas crianças esta lição. Cada reflexo nas águas límpidas dos lagos fala de acontecimentos e lembranças da vida do meu povo. O murmúrio das águas é a voz dos meus ancestrais.

Os rios são nossos irmãos, saciam nossa sede. Os rios carregam nossas canoas e alimentam nossas crianças. Se lhe vendermos nossa terra, vocês devem lembrar e ensinar a seus filhos que os rios são nossos irmãos e seus também. E, portanto, vocês devem dar aos rios a bondade que dedicariam a qualquer irmão.

Sabemos que um homem branco não compreende nossos costumes. Uma porção de terra, para ele, tem o mesmo significado que qualquer outra, pois é um forasteiro que vem à noite e extrai da terra aquilo de que necessita. A terra não é sua irmã, mas sua inimiga, e quando ele a conquista, prossegue seu caminho. Deixa para trás os túmulos dos seus antepassados e não se importa. Rouba da terra aquilo que seria de seus filhos e não se importa. A sepultura de seus pais e os direitos dos seus filhos são esquecidos. **Trata sua mãe, a terra, e seu irmão, o céu, como coisas que possam ser compradas, saqueadas, vendidas como carneiros ou enfeites coloridos.** Seu apetite devorará a terra, deixando somente um deserto.

Nossos costumes são diferentes. A visão de suas cidades fere os olhos do homem vermelho. Talvez seja porque o homem vermelho é um selvagem e não compreenda.

Não há um lugar quieto nas cidades do homem branco. Nenhum lugar onde se possa ouvir o desabrochar de folhas na primavera ou o bater de asas de um inseto. Mas talvez seja porque eu sou um selvagem e não compreenda. O ruído parece somente insultar os ouvidos. E o que resta da vida de um homem se não pode ouvir o choro solitário de uma ave ou o debate dos sapos ao redor de uma lagoa, à noite? Eu sou um homem vermelho e não compreendo. O índio prefere o suave murmúrio do vento encrespando a face do lago, e o próprio vento, limpo por uma chuva diurna ou perfumado pelos pinheiros.

O ar é precioso para o homem vermelho, **pois todas as coisas compartilham o mesmo sopro:** o animal, a árvore e o homem. Parece que o branco não sente o ar que respira. Como homem agonizante há vários dias, é insensível ao mau cheiro. Mas, se vendermos nossa terra ao homem branco, ele deve lembrar que o ar é precioso para nós, que o ar compartilha seu espírito com toda a vida que mantém. O vento que deu a nosso avô seu primeiro inspirar também recebe seu último suspiro. Se lhe vendermos nossa terra, eles devem mantê-la intacta e sagrada, como um lugar aonde até mesmo um homem branco possa ir saborear o vento açucarado pela flores dos prados.

Portanto, vamos meditar sobre a oferta de compra de nossa terra. Se decidirmos aceitar, imporei uma condição: o homem branco deve tratar os animais como seus irmãos. Sou um selvagem e não compreendo outra forma de agir. Vi um milhar de búfalos apodrecendo na planície, abandonados pelo homem branco que os alvejou de um trem ao passar. Eu sou um selvagem e não compreendo como é que o fumegante cavalo de ferro pode ser mais importante que o búfalo, que sacrificamos somente para permanecermos vivos.

O que é o homem sem os animais? Se todos os animais se fossem, o homem morreria de uma grande solidão de espírito. **Pois o que ocorre com os animais, breve acontece com o homem. Há uma ligação em tudo.**

Vocês devem ensinar às suas crianças que o solo a seus pés é a cinza de nossos avós. Para que respeitem a terra, digam a seus filhos que ela foi enriquecida com a vida de nosso povo. Ensinem às suas crianças o que ensinamos às nossas, que a terra é a nossa mãe. **Tudo o que acontecer com a terra, acontecerá aos filhos da terra.** Se os homens cospem no solo, estão cuspindo em si mesmos.

Isto sabemos: A terra não pertence ao homem; o homem é que pertence à terra. Isto sabemos: Todas as coisas estão ligadas como o sangue que une uma família. **Há uma ligação em tudo.**

O que ocorrer com a terra recairá sobre os filhos da terra. O homem não tramou o tecido da vida; ele é simplesmente um dos seus fios. Tudo que fizer ao tecido, fará a si mesmo.

Mesmo o homem branco, cujo Deus caminha e fala com ele de amigo para amigo, não pode estar isento do destino comum. É possível que sejamos irmãos, apesar de tudo. Veremos. De uma coisa estamos certos, e o homem branco pode descobrir um dia: nosso Deus é o mesmo Deus. Vocês podem pensar que O possuem, como desejam possuir a nossa terra, mas não é possível. **Ele é o Deus do homem e Sua compaixão é igual para o homem vermelho e para o homem branco.** A terra Lhe é preciosa, e feri-la é desprezar o seu criador. Os brancos também passarão, talvez mais cedo que todas as outras tribos. Quem sabe contaminem suas camas e uma noite sejam sufocados pelos próprios dejetos.

Mas quando de sua desaparição, brilharão intensamente, iluminados pela força de Deus que os trouxe a esta terra e por alguma razão especial lhes deu o domínio sobre ela e sobre o homem vermelho.

Esse destino é um mistério para nós, pois não compreendemos que todos os búfalos sejam exterminados, os cavalos bravios sejam todos domados, os recantos secretos da floresta densa impregnados do cheiro de muitos homens e a visão dos morros seja obstruída por fios que falam. Onde está o arvoredo? Desapareceu. Onde está a águia? Desapareceu. É o final da vida e o início da sobrevivência".

Este texto, magnífico atestado de amor à natureza, representa a contribuição indígena ao raciocínio egoísta e orgulhoso do homem branco. O cacique norte-americano que o escreveu é digno do maior respeito e admiração pela maneira ecológica, amorosa, evoluída, com que conduziu seu povo. Pena que eu não tenha encontrado em minhas pesquisas o seu verdadeiro nome. Sua metodologia de governar vai além da civilidade, atingindo o sagrado, numa harmonia perfeita de atuação onde o coração e a mente se fundem para traçar um referencial de vida.

O chefe indígena que o escreveu entra neste livro como a

luz penetra numa janela de vidro colorido, iluminando uma sala de oração. Raciocínio lúcido, de vanguarda, exprime e ministra aos brancos a verdadeira relação que o homem deve manter com o ambiente. Não deixa Deus ausente dessa relação, antes, aponta, como sinal de respeito ao criador de todos as florestas, a preservação de sua obra.

Seu *estilo franciscano* de tratar a natureza o situa como um habitante ecologicamente correto, um cidadão universal, um Espírito de avançado senso de justiça, enfim, um homem de bem.

Onde ele estiver, cavalgando entre as estrelas ou em volta de alguma fogueira falando sobre búfalos ou cavalos bravios às crianças que se preparam para serem guerreiros, que saiba que suas palavras permanecem ecoando pelas florestas de pedra dos homens brancos tentando sensibilizá-los. Que muitos pensem e agem à sua semelhança, e tentam salvar peixes e passarinhos ameaçados. Que um dia, quem sabe?, possamos todos nós, brancos e índios, fumar aquele velho cachimbo que toda tribo guarda para festejar a paz.

Este texto é uma homenagem a meu velho amigo índio, o grande cacique Tibiriçá.

Em defesa dos pobres
(Vicente de Paulo)

A caridade é paciente; é doce e benfazeja. A caridade não é invejosa; não é temerária nem precipitada; não se enche de orgulho; não é desdenhosa; não busca seus próprios interesses; não se gaba e não se irrita com nada; não desconfia; não se regozija com a injustiça, mas com a verdade.
(ESE – Cap. XV, Item 6)

Vicente de Paulo nasceu na França, país que deu enorme contribuição intelectual e moral ao mundo através dos mensageiros que acolheu em seu solo generoso. Educado por franciscanos, homens valorosos que adotavam a caridade e a pobreza como estilo de vida, logo se deixou inspirar por tais princípios, formando-se em teologia a fim de melhor ensinar as mensagens deixadas por Jesus.

Foi capturado por piratas turcos e vendido como escravo em Túnis, retornando a Paris dois anos após ter servido pacificamente a seus senhores. Em seu país, dedicou-se inteiramente à prática da caridade. Vicente pedia doações às pessoas abastadas e as destinava às mais pobres. Notabilizou-se pela fundação de hospitais e orfanatos nos quais o abrigo e o remédio eram distribuídos gratuitamente com o devido cuidado de evitar constrangimento no ato da doação, ou seja, a caridade era praticada como a ensinara Jesus: *Que a tua mão esquerda não saiba o que faz a direita.*

Em 1625, Vicente fundou a Confraria das Missões, chamada de Lazaristas ou Vicentinos, composta por padres vocacionados, cuja missão era pregar o Evangelho de Jesus e prestar assistência, sobretudo aos mais necessitados. Em 1633, com Luíza de Marilac fundou a ordem das Irmãs de Caridade. As mulheres que a compunham tinham a permissão de cuidar dos pobres e dos doentes fora dos conventos. Era a caridade que deixava os aposentos onde estava aprisionada e se dirigia para os locais onde a sua presença era suplicada. Essa virtude, tal qual a praticara Jesus, passou a mover-se novamente pelas ruas, a limpar os leprosos, a acolher os mendigos, a alimentar os famintos e a enxugar lágrimas. Por esta razão, Vicente passou à história como mais um religioso a libertar a caridade das prisões dos templos e da teoria improdutiva.

Em 1643, esse notável missionário foi nomeado conselheiro da rainha da Áustria, regente do Rei Luiz XIV, tendo como missão organizar uma trégua durante a guerra do Fronde. O homem que pratica a caridade tem a oportunidade de se expressar através dela em qualquer ambiente, todavia, à semelhança de Madre Teresa de Calcutá, era entre os pobres mais pobres que Vicente de Paulo gostava de estar para confortá-los. Dedicando-se integralmente ao ensino evangélico a partir do exemplo pessoal em qualquer ambiente em que estivesse, Vicente veio a falecer no ano de 1660 em Paris, sendo canonizado em 1737.

Sabe-se que o Espírito tem fases em seu aprimoramento. A princípio, segue caminhos tortuosos adentrando-se pela barbárie, contaminando-se com o egoísmo, aliando-se com o orgulho, dentre outros procedimentos inadequados à sua origem e destinação. Essa metodologia de aprendizagem é a mesma em quase todos eles, que cometem erros na tentativa de corrigir suas bússolas evolutivas no sentido ideal, o amai-vos e instruí-vos, *lema que concentra em si os cuidados necessários para com o corpo e a alma.*

Quando um homem deixa de olhar para si mesmo, sai do foco de suas atenções e descobre o outro. Tal fato faz com que a maioria de seus movimentos, que se faziam apenas de fora para dentro, se invertam. É a descoberta da doação. A partir de então a sua caminhada evolutiva se acelera, sendo uma das causas principais a caridade introduzida em suas ações. Ele já não é um bárbaro. Antes tinha força como um animal qualquer. A prática da caridade lhe dá poder, o iluminado dom de tocar a alma e fazê-la exteriorizar o sentimento (adormecido) de humanidade que todos guardamos. Essa virtude, a uns toca pelo exemplo; a outros, pelo benefício recebido e a terceiros, pela carga emotiva que remove a falsa idéia de superioridade que nutrimos sobre nós mesmos.

Sem sair de si, o homem é sempre ele mesmo, ou seja, acompanhado pelos demônios que acolhe. A descoberta do outro amplia-lhe as fronteiras do entendimento e ele compreende que a melhor maneira de reter benefícios é semeá-los. Esse sentimento permeia a Doutrina Espírita em toda a sua extensão, tornando-a fonte inesgotável de sabedoria e doação. O Espiritismo é, sem exagero, uma proposta de evolução segura e confiável capaz de conduzir seus seguidores aos mundos felizes onde habitam aqueles que, por amor à humanidade, a ela a revelaram. Dentre os que vivem nesses mundos e contribuíram para o surgimento desse roteiro de luzes que é o Espiritismo, encontra-se Vicente de Paulo.

A virtude que mais o caracteriza, a que nos vem à lembrança logo que pronunciamos o seu nome, é a doação de si mesmo. *A caridade é a âncora eterna da salvação, em todos os globos; é a mais pura emanação do próprio Criador; é a sua própria virtude, que Ele dá à criatura,* escreveria mais tarde o missionário após o seu desencarne, por ocasião da elaboração dos postulados espíritas, em *O Evangelho Segundo o Espiritismo.*

Não ouso falar do que fiz, pois os Espíritos também têm pudor sobre suas obras. Ao fazer tal pronunciamento, registrado nas páginas de *O Evangelho Segundo o Espiritismo,* Vicente de Paulo mostra o quanto a modéstia dirige suas ações, pois apesar de praticar a mais pura caridade não se julga grande, referencial, professor de virtudes. Suas mensagens visam incentivar-nos à prática do Bem por nossos próprios méritos, pois acredita que todos temos no íntimo a essência do amor ao próximo, marca com a qual nos distinguiu o Criador: *Homens fortes, cingi-vos; homens fracos, fazei armas de vossa mansuetude e de vossa fé; tende mais persuasão, mais constância na propagação de vossa nova doutrina. Isso é apenas um encorajamento que vos viemos dar, é apenas para estimular vosso zelo e vossas virtudes que Deus nos permite manifestar a vós.*

Vicente de Paulo, certamente, teve importante papel na elaboração e na propagação da Doutrina Espírita. O fato de não notarmos sua presença de maneira ostensiva em meio aos escritos doutrinários deve-se a sua vontade de não aparecer diante do benefício prestado, como vimos, marca de sua personalidade.

Ao adotar a caridade como um dos seus pilares, o Espiritismo certamente recebeu não somente a adesão, o apoio, mas, sobretudo, a assistência particular de tão nobre entidade que, identificando-se de pronto com a doutrina nascente, colocou seu imenso potencial de trabalho e de amor sob o comando do Espírito de Verdade, responsável maior pela complementação e divulgação da boa nova já anteriormente semeada.

O homem e a arma ou visita de um amigo
(Manuel Bandeira)

A mediunidade é uma coisa santa que deve ser praticada de forma santa.
(ESE – Cap. XXVI, Item 10).

 Um amigo é uma dádiva que Deus concede à nossa vida. Na verdade, quem encontra um amigo, encontra o amor em uma de suas delicadas faces: a amizade. Esta é uma história de amor e uma homenagem a um velho e grande amigo. Para iniciá-la, preciso voltar à infância, tempo em que ouvia minha mãe cantar as canções que saíam do rádio e a minha vida era pular cercas à procura de alimento.
 Em uma tarde de poente dourado, quando o capim estava repleto de pendões de ouro e eu observava o sol, chegou ao velho boteco do meu pai um homem diferente dos carvoeiros, pois não se via nele nenhum traço de poeira ou de necessidade. A princípio, eu não notei a sua presença, pois meus sentidos estavam voltados para o capim que

parecia uma onda soprada pelo vento.

Extasiado, olhava a onda, escutando a canção que o capim cantava para o vento, ou o vento sussurrava para o capim, não sei ao certo, quando notei o carro azul de traseira com barbatanas e o homem, tomando café e conversando animadamente com o meu pai.

Aquele homem perfumado, pois dele saía um cheiro agradável, tinha um livro que pusera sobre o banco, e uma linguagem diferente, que eu jamais escutara dos tropeiros, dos carvoeiros, nem dos cortadores de forragem da região.

Quando me acerquei de ambos, entendi que ele falava sobre armas, razão pela qual não atrapalhei a conversa, pois daquele assunto conhecia apenas o velho facão Guarany que carregávamos de madrugada.

Meu pai, que fora policial, rolou naquele tema, fazendo gestos, o que não era do seu feitio, chegando mesmo a mirar um alvo invisível, fechando um olho e abrindo exageradamente o outro. Então, de repente, o homem fez uma pergunta que me prendeu à sua face: *O senhor sabe qual é a arma mais poderosa do mundo?*

Um escritor é invariavelmente um curioso.

Meu pai, que naquela tarde prendera o silêncio na gaveta, respondeu: *Eu acho que é uma bomba que os americanos inventaram e que na guerra matou mais de mil japoneses.*

— Não senhor! É esta.

E o homem puxou do bolso uma caneta e a mostrou ao meu pai. Aquilo me deixou perplexo. Por que uma caneta seria uma arma mais perigosa que a tal que os americanos haviam inventado? Meu velho recolheu a palavra e eu libertei a minha, com o costumeiro por quê?, também uma arma, como viria a identificar depois.

— Porque ela é que faz a história.

Dito isso, o homem pagou o café e saiu com o seu carro "rabo de peixe", deixando-me confuso. Mas, quando o carro já se perdera na estrada, notei que o misterioso freguês deixara o livro sobre o banco. Meu pai o folheou, para ver se tinha imoralidade, disse ele, e o passou às minhas mãos carregadas de curiosidade.

Então eu li: Seleções. E o abri ao acaso. Na página exposta, sob meu olhar curioso, vi a figura de um homem de óculos, um vidro de tinta Parker e uma poesia, cujo título era, "Irene no Céu". A poesia expressava a gratidão pelas inúmeras pretas que cuidavam de brancos a vida inteira e morriam pobres como nasceram.

Puxados da poeira do tempo, os versos voltam à minha retina, como gotas de luz caindo da lua e entrando no mar:

Irene Preta
Irene boa
Irene sempre de bom humor
Imagino Irene entrando no céu:
— Licença, meu branco!
E São Pedro Bonachão:
— Entra, Irene. Você não precisa pedir licença.

O nome do poeta: Manuel Bandeira.
Um escritor precisa ser poeta.

Foi a primeira poesia com a qual me tornei íntimo, excetuando-se, logicamente, a dos carvoeiros e tropeiros. Não sei se a encontrei naquele boteco ou se foi ela que me encontrou. Mas a partir daquele dia, quis escrever as minhas próprias poesias, meus livros, criar personagens, agradecer a tantas Irenes que, por certo, viriam ao meu encontro.

Fazer a História! O homem sempre quis registrar a sua passagem pelo planeta, como a buscar de alguma forma a imortalidade. Do Paleolítico inferior, 500.000 a.C. quando trabalhava a pedra lascada, até os dias de hoje, a história do homem está impregnada dessa busca de perenidade. Mas foi aproximadamente há 50.000 anos que nasceu a arte rupestre. O homem começou a fazer gravuras nas paredes das cavernas registrando suas cenas de caça. Tais desenhos tinham uma função mágico-religiosa e transmitiam a visão cosmopolita de seus criadores.

4000 a.c.. Os egípcios gravavam em papiros os seus hieróglifos, traduzidos posteriormente por Jean-François Champollion em 1822. Todavia, foi um fenômeno espírita que possibilitou escutar a pronúncia da linguagem hieróglifica, quando o Dr. Frederic Wood, assessorado pelo professor Howard Hulme, em experiências com regressão de memória realizadas entre 1927 e 1937 na Inglaterra, escutaram a voz de Vola, uma escrava egípcia da corte do Faraó Amenófis III. A médium, Iuy Beaumont, utilizando o pseudônimo de Rosemary, submetida a regressões, falou a língua dos antigos faraós, ensejando a que, atônitos, os pesquisadores ouvissem aquela voz do passado, soterrada por milhares de anos.

Em 1700 a.c. Hamurabi, rei babilônico, escreveu seu código de leis, apresentando grande avanço na legislação da época. Mas foram os fenícios que inventaram o alfabeto. A partir de então, desenvolveu-se o cálculo matemático, a Geometria, as unidades de pesos e medidas, o calendário, os estudos de Medicina, Astronomia e farmácia.

Um escritor precisa conhecer a História.

A caneta, como instrumento de registro da cultura de um povo, vem eternizando as ações do homem, revelando a saga dos que se tornaram imortais pelos ensinamentos que legaram à humanidade.

Foi com a pena que o renascimento das letras, após mil anos de trevas da Idade Média, acordou o mundo com o seu grito de liberdade. Dante Alighieri contou com ela a sua divina comédia, Cervantes criou D. Quixote, Erasmo elogiou a loucura, Thomas Morus apontou para a utopia, e Voltaire com os enciclopedistas despejaram fogo cerrado contra a Igreja e os excessos da Monarquia, possibilitando a que a Revolução Francesa escrevesse a Declaração dos Direitos do Homem e do Cidadão.

Em 1848, os Espíritos iniciam a comunicação através de batidas e, ato contínuo, por intermédio de uma cesta de vime, agitaram a França e outros países da Europa com suas revelações. Logo em seguida, dispensaram a cesta e passaram a utilizar as mãos dos médiuns, trazendo os primeiros acordes da sinfonia espírita.

Foi com uma caneta que Kardec demoliu o sobrenatural. Para coisas novas é preciso palavras novas, disse ele. Eis os termos pelos quais os Espíritos deram, por escrito e por intermédio de vários médiuns, a missão de codificador a este grande guerreiro: *Ocupa-te com zelo e perseverança do trabalho que tu empreendeste com nosso concurso, porque esse trabalho é nosso.*

Os Espíritos tinham uma caneta, e com ela foram rasgando véus, verbalizando emoções, racionalizando a fé, resgatando a esperança. Referindo-se à obra inicial da Doutrina Espírita, *O Livro dos Espíritos*, a equipe chefiada pelo Espírito de Verdade comenta: *Ele foi escrito por ordem e sob o ditado dos Espíritos superiores para estabelecer os fundamentos de uma nova filosofia racional, livre de preconceitos do espírito do sistema.*

Se a caneta faz a história, se até Deus, como se diz poeticamente, escreve certo por linhas tortas, não restam dúvidas de que o Espiritismo é uma das mais belas páginas da história religiosa deste planeta azul. O homem que definiu a caneta como uma arma poderosa estava correto.

Um escritor é invariavelmente influenciado, e outras mãos escrevem pelas suas, exaltando a justiça ou crucificando-a.

Como acontece a toda arma, os resultados da sua atuação dependem de quem a maneja. Com uma caneta, Hitler assinou o tratado de não-agressão com a Rússia e não honrou o seu compromisso. Então, com o desdobramento da guerra, Truman assinou a ordem para lançar duas bombas atômicas sobre Hiroshima e Nagasaki, matando mais de cem mil pessoas. Quando perguntaram a Einstein onde ficava o seu laboratório, ele puxou uma caneta do bolso e disse: *aqui*! É a caneta que escreve as leis, e ela mesma manda à morte quem as desobedece.

Um escritor precisa conhecer a lei.

Hoje, já sei o que é fazer a história. Já li muita poesia e também a muitas delas assisti na vida. Do chileno Neruda ao indiano Tagore, do inglês Steveson ao libanês Gibran, do capinazal de pendões de ouro ao cheiro da terra no inverno, nenhuma poesia é mais convincente que a escrita pelo Espírito de Verdade. Nascer, viver, morrer, renascer. A poesia é realmente bela quando por si só se eterniza.

Quanto àquele homem, o que me mostrou a arma mais poderosa do mundo, nunca mais o vi. Gostaria de conversar com ele um dia e falar da mágica que ele promoveu em mim. Mas esse parece ter sido o seu papel. Dizer uma frase, iniciar uma revolução e ir embora, deixando atrás de si o rastro brilhante da pólvora em chamas.

Certas pessoas são assim. Transformam uma vida em suor e luz com uma única palavra e saem à procura de outras revoluções.

Quem sabe um dia eu o encontre para lhe dizer o que estou fazendo com essa arma.

Passados muitos anos desse acontecimento, dirigindo o

O Amor está entre nós 157

Grupo de Aprofundamento Doutrinário, no Centro Espírita Grão de Mostarda, elaborei um projeto para conversar com personagens importantes já desencarnadas visando conhecer melhor a obra de cada uma delas, bem como refazer aspectos históricos imprecisos ligados às suas atividades. Dentre os brasileiros convidados estavam dois poetas modernistas. Um deles era Manuel Bandeira. Sempre fui grande admirador desse poeta. Essa admiração teve início desde que, como citei alhures, li sua primeira poesia em um livro deixado por esquecimento no boteco do meu pai.

Descobri, estudando a sua vida, que ele se contaminou com a tuberculose aos dezoito anos de idade e com ela viveu até completar oitenta e dois, num desafio digno de um atleta olímpico. A sua doença foi tão persistente, que, mesmo após Sir Alexander Fleming ter descoberto a penicilina em 1928 e Sir Howard Walter tê-la convertido em antibiótico de uso prático contra o bacilo de Koch em 1940, ela não retrocedeu em seus avanços, havendo o poeta desencarnado com falta de ar e hemoptise severas.

Manuel Bandeira foi um tipo alegre, saudosista, mas que não conseguiu esconder seus momentos depressivos, registrados com a sinceridade simples de sua generosa poesia.

Ocorre que o Projeto, como confirmaram os amigos espirituais, não era uma idéia original minha. Fui chamado durante o sono pela equipe espiritual que dirige a casa espírita onde trabalho, e sob a direção desses mesmos amigos deveria desempenhar a tarefa espinhosa de trazer do além todos aqueles Espíritos, políticos, poetas cientistas, artistas, dentre outras profissões, para que pudessem dar testemunho da sobrevivência da alma. Disseram mais: *O grupo que se prepare, pois a luta será grande. Até que as palavras desses operosos Espíritos se transformem em livros, passarão por grandes apertos, à semelhança da cana-de-açúcar para gerar o mel.*

Aquilo me deu grande alegria. Já que tínhamos o apoio de bons amigos, poderíamos ampliar a nossa lista de entrevistados com personalidades dos mais distantes rincões do planeta e dos mais variados campos de atividades humanas. Assim pensamos e assim fizemos.

Quando contatamos o poeta Manuel Bandeira, ele ainda se encontrava em um hospital. Seu semblante era o de uma pessoa triste. Sentado a um banco de praça, olhando a água que saía da boca de esculturas em forma de cavalos-marinhos, escrevia uma poesia em um caderno. Na ocasião, a médium desdobrada ao seu lado e, sem ser percebida por ele, leu para nós o poema. Posteriormente, colocado em uma espécie de cabina, ele recebeu fluidos vitais nossos, obtendo substancial melhora. Continuamos orando e vibrando por ele. Os Espíritos responsáveis pelo Projeto faziam o mesmo à medida que o medicavam.

Quando se aproximou o dia do nosso encontro, Bandeira nos enviou um poema de onde estava, confirmando a sua participação no evento e a sua alegria por estar engajado no Projeto.

No domingo marcado para a entrevista conversamos mais de uma hora, e quando ele já fazia suas despedidas eu lhe disse: *Espere um pouco, professor! Eu trouxe um cartão para o senhor!* Ele recebeu (a médium) o cartão e leu emocionado: *Ao poeta da minha infância. De quem aprendi a amar a vida, a simplicidade, a conquistar estrelas, a ultrapassar abismos. Poeta! Permita-me a ousadia de modificar dois dos seus versos.* Abaixo estava escrito a poesia com os dois versos modificados

Andorinha, lá fora está dizendo:

— Passei o dia à toa, à toa.

— Andorinha, andorinha, minha cantiga é mais *feliz*

O Amor está entre nós

Passei a vida *na boa, na boa.*
Os versos originais são:
— Andorinha, andorinha, minha cantiga é mais triste
Passei a vida à toa, à toa.

Está permitida a mudança, disse Bandeira, com os olhos cheios de lágrimas.

Ficamos muito amigos a partir de então. Ele me visitava quando em vez e eu o visitava vez em quando. Mas um dia, ao receber o diagnóstico da doença de minha filha, Lívia, fiquei triste por saber que ela teria que viver sob estreitas condições de comportamento devido a uma moléstia chamada lúpus. Nada podendo fazer para modificar o quadro, tranquei-me dentro de mim mesmo em reflexões. Esse é um comportamento típico da minha personalidade. De quem ainda não consegue repartir o fardo que o oprime, preferindo ficar a sós com ele.

Romélia, minha mulher, já conhece esse particular, e me deixa à vontade para sair de mim mesmo e retornar quando a tempestade passa. Pois bem. Estava em plena tormenta mental quando Manuel Bandeira aproximou-se de Romélia e através da psicofonia disse: *Meu amigo! Sei que você está com problemas. Sei que não posso fazer nada para afastá-los, a não ser, dizer que estou aqui com a minha amizade e o afeto que sentimos um pelo outro. Queria dizer-lhe que Deus não lhe faria sofrer à toa, à toa, e que você, com a ajuda Dele, vai ficar na boa, na boa.*

Conversamos ainda sobre outras coisas nossas, no dizer dele, coisas de poetas, até que nos despedimos com aquele abraço de verdadeiros amigos.

Manuel Bandeira está muito bem no plano espiritual. Trabalha, estuda, faz poesias e costuma, quando tem permissão e tempo disponível, visitar os amigos na Terra, notadamente sua grande amiga Rachel de Queiroz *.

---

* Nessa época Raquel de Queiroz ainda estava encarnada.

Essa visita do poeta me marcou pela solidariedade irrestrita, pela amizade sincera, pelo carinho de irmão que ele veio ofertar. *Não sei o que posso fazer, mas estou aqui,* disse-me ele. É por falta de gestos assim que muitas pessoas sucumbem em suas aflições. Um grande cofre contendo pepitas de ouro, não teria provocado o efeito benéfico que aquela frase deixou em mim. Derreteu toda a camada gélida de mutismo que minha alma trazia enrolada sobre ela como um cobertor de inverno. Não é muito fácil ver belas paisagens quando os ventos glaciais atingem a alma. É necessário que alguém nos traga um raio de sol, uma lareira, um verso quente, e nos faça ver que a vida tem um outro lado longe do pólo.

Fiquei muitos dias pensando no poder da amizade, na falta enorme que ela faz a qualquer pessoa que respira neste mundo. Muitos a interpretam como sorrir para seus vizinhos uma centena de vezes por dia. Outros julgam que é dirigir a todos palavras doces e gestos de cortesia. Para uns é receber um trago, dar um presente, emprestar a roupa. O coveiro a definiria como o ato de alguém conseguir-lhe corpos para enterrar. O encarcerado a resumiria na existência de um fabricante de chaves. Para mim, amizade é a visita de um poeta. Um poeta nesse caso não é especificamente um escritor de poemas, mas um partejador de alegrias. Ele retira do útero da vida, da nossa vida, a alegria adormecida, esquecida, abandonada pela nossa limitada visão, e a faz eclodir como a explosão de uma supernova. Esse momento raro, tal como o encontro com o cometa Halley que só acontece a cada 76 anos e o abrir de pétalas da dama da noite, que só ocorre uma única vez ao ano, modifica toda uma vida, erradicando o raquitismo da alma, substituindo-o pelo fortificante do amor. Apareçam as rugas ao redor dos olhos, tornem-se os passos lentos e vacilantes, transforme-se a pele lisa em dobras molambentas, mas este gesto de amor é eterno em sua jovialidade. Os terremotos, em todos os seus graus, ou os silêncios petrificados das zonas abissais, não conseguiriam calar a memória de tão significante gesto.

Quem tem um amigo, que o conserve para sempre. Pois, tão certo como as estrelas brilham a cada noite e o amor ama a cada dia, você ainda precisará dele.

Conclusão

Concluir um livro é sempre um raro prazer. Às vezes fico pensando por que mãos ele pousará, em qual biblioteca descansará, que revoluções causará. Um livro deve levar a poesia da vida e as aspirações da alma. *O amor está entre nós,* procura atingir este objetivo sem fugir da simplicidade das flores do campo. O Espírito busca, mesmo sem saber, o amor que o redimirá um dia. Ao preencher as páginas deste volume com exemplos dignos de ser seguidos, quis, antes de tudo, mostrar que nunca estivemos órfãos, que Deus nos acompanha através dos seus mensageiros, que nunca nos faltaram lições para que nos tornássemos vencedores.

A caridade sempre esteve em movimento em cada quadrante do mundo. Mesmo para o que habita as desoladas regiões do orbe, de alguma maneira o amor o encontra. Importa que estejamos receptivos a seu chamamento. Que aprendamos a descobrir o diamante escondido sob o cascalho bruto. Que nos limpemos da espessa camada de rudeza para detectarmos a bondade.

A promessa feita por Jesus de que jamais estaríamos abandonados é realizada a cada dia por seus seguidores no mundo inteiro. Somos filhos diletos de Deus e não apenas habitantes de um mundo distante e esquecido pela lei de evolução.

No condomínio onde moro um homem escreveu no vidro traseiro do seu carro: *Sou filho de Deus, irmão de Jesus. É o fraco!* Acho que o meu vizinho descobriu a fórmula certa de pensar positivamente e de se sentir parte do universo. Somos herdeiros do universo, pois Deus o fez para nós.

Deixemo-nos, portanto, invadir pela beleza que há no mundo. Somos filhos da luz e, portanto, temos nossa parcela de luz.

Que o amor, o último e definitivo guia da humanidade, encontre sem mais demora, acolhida em todos os corações da Terra.

DO MESMO AUTOR

Caçadores de Ilusões
14x21cm • 168 p.

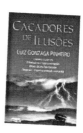

Caçadores de Ilusões aborda a vida de um doutrinador que se vê integralmente conturbado com a influência de seus obsessores. Os motivos que estimulam estes espíritos a não buscarem a luz, permanecendo com a vampirização, você descobre através das imperdíveis páginas desse livro.

Mediunidade – Temas indispensáveis p/ os Espíritas
14 x 21cm • 240 p.

Um livro de grande valia aos doutrinadores, aos médiuns e a todo espírita interessado, uma vez que fornece ao leitor, de maneira clara e didática, elementos indispensáveis ao aprendizado da doutrina e ao adestramento mental.

Mediunidade – Tire suas Dúvidas
14x21cm • 192 p.

Instruir-se e amar são imperativos novos, diretrizes rotineiras em uma casa espírita que desempenha com seriedade sua função. E as perguntas mais constantes, as curiosidades mais imediatas são sempre expostas no roteiro deste livro.

Diário de um Doutrinador

14x21cm • 212p.

É obra que enfoca, através de relatos sintéticos e de fácil assimilação, a realidade de uma reunião de desobsessão. São narrados fatos reais, onde a necessidade de conhecimento doutrinário, da aquisição da disciplina moral e mental são indispensáveis. Recomenda-se como livro obrigatório para médiuns, dirigentes e doutrinadores em centros espíritas.

Doutrinação: Diálogos e Monólogos • *14x21cm • 241p.*

Chamamos de doutrinação, e diga-se, a bem da verdade, inapropriadamente, a conversa que o dirigente de uma reunião de desobsessão estabelece com um Espírito que se comunica através de um médium. Em tais reuniões, geralmente as comunicações são rápidas, razão pela qual não há tempo para transmitir ao comunicante os fundamentos de uma doutrina, no caso, o Espiritismo.

DO MESMO AUTOR

Doutrinação: A Arte do Convencimento
14 x 21cm • 170 p.

O livro procura mostrar de maneira clara, utilizando a metodologia trabalhada nas reuniões de desobsessão, o que o doutrinador necessita para o seu correto desempenho e como ele deve utilizar seus conhecimentos e valores na doutrinação de Espíritos. (...)

O Perispírito e suas Modelações
16X23cm • 352 p.

Obra imperdível para conhecer sobre o perispírito, suas modelações e os reflexos das atitudes no corpo espiritual. "Uma notável contribuição para o espiritismo brasileiro", no dizer do escritor Ariovaldo Cavarzan

Espiritismo e Justiça Social
14x21cm • 171p.

O novo século exige mudanças profundas na ordem sócio-política e sobretudo moral do planeta. Não comporta a fobia aos temas libertadores nem alergia ao debate, ao protesto, aos movimentos de libertação e de luta pela implantação da justiça social.

Histórias deste e do Outro Mundo
14x21cm • 200p.

Livro que contribui para esclarecer o leitor sobre uma interessante e bem diversificada gama de situações, vivenciadas principalmente na rotina das atividades mediúnicas.

Sob a Luz de Aldebarã
14 x 21cm • 162 p.

Com uma linguagem carregada de sensibilidade e de emoções positivas, o livro cativa pela diversidade temática, questionamento e sugerindo novas abordagens na interpretação de textos evangélicos, aprofundando temas sociais, políticos e religiosos, com a clareza da estrela que serviu de título à obra.

DO MESMO AUTOR

Um Espaço Para os Miosótis
14 x 21cm • 162 p.
Cada tema desenvolvido (deste livro) traz a força da terra, que faz brotar pétalas e folhas. Cada tema, meu velho amigo jardineiro, é um miosótis, a arrancar da alma o sentimento retraído pela natureza da vida. São questionamentos valiosos evocados pelo Espírito, na inquietude da libertação.

Vinte Temas Espíritas Empolgantes

14x21cm • 196p.

Um livro que trata com elegância e de forma agradável temas da atualidade e também doutrinários: Homossexualismo, Violência e seus afins, Aborto, Suicídio, Planeta Marte, A Bíblia e assuntos polêmicos, O Espiritismo e a mulher (seus direitos e sua contribuição), Ubaldi x Kardec, Perispírito e genética, Obsessão e Depressão entre outros.

Pérolas da Infância

14x21cm • 144p.

Livro que nos remete à infância, criando oportunos contrapontos com a vida adulta. Um tempo em que Espiritismo era coisa para gente grande. Mas um tempo que às vezes marca tão profundamente que, passados muitos anos, ainda sabemos contar, de maneira colorida, as pérolas que nele encontramos.

Os Semeadores da Verdade

14x21cm • 192p.

O motivo que reúne aqui a história de vida desses personagens é o fato de todos eles, em maior ou menor escala, terem preparado os campos para a semeadura e o nascimento da Doutrina Espírita — seja quando encarnados, elevando com suas obras o espírito humano, seja no além-túmulo, dando parcelas de esclarecimento, depoimentos ou mensagens de esperança.

OS MAIS VENDIDOS

Getúlio Vargas em dois mundos
Wanda A. Canutti (Espírito Eça de Queirós)
Biografia romanceada vivida em dois mundos
•300 p. - 14x21 cm

Getúlio Vargas realmente suicidou-se? Como foi sua recepção no mundo espiritual? Qual o conteúdo da nova carta à nação, escrita após seu desencarne? Saiba as respostas para estas e outras perguntas, agora em uma nova edição, com nova capa, novo formato e novo projeto gráfico.

A moça do espelho
Isabel Scoqui
Romance espírita • 200 p. – 14x21 cm

Estefânia, jovem desencarnada há 200 anos, permanece presa à promessa do noivo, revivendo constantemente as mesmas cenas, vinculadas ao espelho e ao retrato enviados por ele.

Criança quer saber
Fátima Moura
Infantil • 108 p. – 20,5x20,5 cm

Este trabalho destina-se a esclarecer pais, professores e evangelizadores através das perguntas mais frequentemente feitas pelas crianças e que aqui são respondidas com base na doutrina espírita. Ideal para ser usado também no culto no lar ou em qualquer momento onde o estudo infantojuvenil espírita possa ser empregado de forma direta e objetiva.

---

*Não encontrando os livros da EME na livraria de sua preferência, solicite o endereço de nosso distribuidor mais próximo de você através do Fone/Fax: (19) 3491-7000 / 3491-5449.
E-mail: vendas@editoraeme.com.br – Site:www.editoraeme.com.br*